大都市問題の専門家が問う

大阪市廃止と生活行政の破綻

〝市民連合〟による住民投票勝利への戦略

高寄 昇三

（甲南大学名誉教授）

地方自治ジャーナルブックレット No.71

目次

はしがき

二〇二〇年一一月一日、大阪市廃止をめぐる住民投票の実施が決定的となった。さきの住民投票から五年が経過し、その間、政党・大阪維新主導のもとで、法定協議会で特別区設置の内容が論議され、人口約七〇万人の四区制という案となった。

大阪維新の政治勢力は、前回の住民投票時より、はるかに強大となっている。大阪市長が三代つづけて大阪維新の市長に占拠された。大阪維新は大阪市を制圧し、改革を実施したのであるから、政治的にはいまさら大阪市を抹殺する必要もないが、府県集権主義による大阪市廃止に執念を燃やしている。

しかし、大阪維新が提唱するスローガン—大阪都構想・中核市なみ特別区・二重行政解消・大阪経済復権・市民生活向上のすべてが、皮肉なことに大阪市廃止によって、欠陥が顕在化しつつある。本書でも、二度目の住民投票を前にしての、これらスローガンの虚構性を明らかにし、住民投票への選択基準の明確化につとめた。

これまで大阪都構想にのみ関心が注がれ、そのため犠牲となる大阪市廃止については、軽視されてきた。しかし、大阪市廃止・分割が、市民生活・大阪経済にあって、致命的打撃となることを検証し、市民に訴える必要がある。

第一の懸案事項は、巨大特別区の問題である。

住民投票をめぐる課題は、大阪都市圏の経済振興・大阪府市の二重行政などさまざまあるが、市民にとって切実な問題は、特別区がどうなるか、そして特別区による生活行政がどうなるかである。

第一の課題は、人口七〇万人規模の巨大特別区である。当初、大阪維新は顔の見える特別区、中核都市なみの特別区を提唱したが、最終的には、小規模の市民サービス重視の特別区、大規模の権限・財源重視の特別区のいずれでもない、行政力のない巨大特別区を選択した。

どうしてこのような巨大特別区になったのか。特別区設置による改革効果は約一兆円と宣伝してきたが効果はなく、実際は初期投資だけで数百億円が必要であり、さらに設置後の運営費も、どうみても膨大な赤字が避けられないとわかったからではないか。

事務当局は、特別区の長期収支も数百億円の黒字と試算しているが、人件費・運営費・整備費を極限まで圧縮した、机上演習的な推計である。結果として残された節減策は、当初の九区が七区、五区となり、最終的には規模の利益を求めて、四区という大規模区となった。中核市を上回る政令指定都市なみの大都市といえる特別区となった。これでは一部事務組合を拡充し、大阪市の事務事業を全面的にうけいれる、実質的一区制をめざすべきである。

第二の課題は、大阪維新は公選区長制ですべてが解消され、十分な行政能力をもった区長が誕生するという希望的ビジョンをえがいた。しかし、公選区長は大阪市・大阪市長廃止の代償としての区長制にすぎない。

公選区長といっても、大阪市長がになってきた役割をはたせるはずがない。政府・府との関係にあって、指定都市という防禦網がなくなり、区税・補助金・区債などについては、府の許認可を受けなければならず、特別区は、大阪府経由方式という行政メカニズムの重圧にさらされることが無視されている。

政府・府との交渉力をみても、府への陳情が、指定都市でないので、立場の弱い陳情となる。制度改正は、そのまま行政力学の格差となる。

第三の課題は、財政問題である。特別区の自主税源として区税は、大阪市の市税と比較し、自主税源は三分の一に激減することになる。財政調整措置で財源補填があるとしても、特別区の財政自主性は激減する。

さらに特別区の財政調整（交付税）も、独立自治体にもかかわらず、大阪市全体としての合算方式で、大阪市廃止という犠牲にもかかわらず、なんらメリットはなく従来と同じである。このような不合理な措置で、約二一〇〇億円の一般財源喪失となっている。

東京特別区と比較してみると、大阪特別区の財政力の脆弱性がわかる。本書（七〇頁）で分析しているが、歳出額は東京特別区一人当り三八・九万円、大阪特別区二三・九万円で、六二・三％の差、東京・大阪特別区の事務事業比率で補正すると、実質では二倍以上の差となる。東京特別区との比較で区税約四割の減、財政調整後でも約三・五割の減、歳出で約二倍の財政力格差がある。特別区財政はどうみても、大阪市民の生活をまもる財政力はない。

第四の課題は、特別区の権限・事務事業配分である。大阪府の広域行政を重視するか、特別区の総合行政を優先するかである。しかし、現実は水道・消防は大阪府、交通局は民営方式、特別区は福祉・衛生と、大阪市の事務事業は分離する。さらに特別区は、総合処理のため巨大な一部事務組合の創設を余儀なくされる。

このような分裂システムでは、特別区は総合的な生活行政の責任主体としての役割をになえるはずがない。本来、生活・経済圏が一体である大都市は、本庁・区の連携・調整関係という相互補完体制で、大都市行政を処理してきたのであるが、人為的に解体し、多くの行政機関・民間企業に分裂させて、十分な行政はできない。

第五の課題は、特別区は、自治体としては町村以下の擬似自治体でしかなく、災害などの突発事態に直面すると機能不全となり、悲惨な状況と化するのではないか。府は中二階の中間団体であり、基礎的自治体の特別区は分裂し、統合力を発揮できない。その結果として、特別区政は市民の要望に応えきれず、社会的不公平も肥大化し、最終的には市民の信頼を失なうだろう。

第二の懸案事項は、大阪都市圏の経済振興策である。

大阪市廃止は、大阪府による強力な経済戦略の実践のためであったが、制度をいじくったぐらいで、大都市経済が再生されるはずがない。

第一の課題は、東京の成長は首都という地勢的要因が大きく、全国経済の集積メカニズムが作用しているからで、東京府・市が合体し、都制になったからではない。都制は自治体としては欠陥体制であるが、東京都・特別区とも富裕団体であるため、成功しているかの如き錯覚にとらわれているだけである。

第二の課題は、地方団体が都市産業基盤を整備したから経済成長するのでない。経済成長の原動力を、内発的開発による経済イノベーションで涵養することが、先決問題である。

大阪はＩＲ・万博をめざしているが、経済刺激効果はあるが、所詮、一過性のもので、新産業創出効果は未知数で、いずれにしても持続的成長の原動力にはならない。

第三の課題は、大阪大都市圏経済の中枢機能である大阪市廃止は、大阪経済の求心力・遠心力を弱体化させる。大阪都構想は、都市間競争に勝ち抜くために大阪市廃止を目論んだが、逆効果で、成長の牽引力を喪失し、経済地盤沈下がすすむであろう。大阪経済の求心力が衰退すれば、逆にストロー現象で減退が加速する。都市景観、技術力、情報発信力などの、都市力の涵養も衰退していくであろう。

第三の懸案事項が、二重行政の解消問題である。

特別区設置の費用捻出のために、前回の住民投票では当初、二重行政の消滅で四〇〇〇億円の効果があると目算をはじいたが、実際は一億円にしぼんでしまった。

まず、二重行政なるものは、複数の類似施設があるからでなく、文字どおり二重の許認可行政など、国・地方関係の集権的な行政システムの問題である。

しかも、複数施設が存在しても、行政需要があれば、行政の無駄とはいえない。病院・学校・美術館など、地理的条件・利用目的などでそれぞれ存在価値がある。府立大学・市立大学にしても、廃止でなく統合であり、節減効果はほとんどない。

第四の懸案事項が、後戻りのきかない住民投票の結果である。

大阪市の廃止派・存続派のいずれも、住民投票に勝利しなければ、元も子もない。しかし、そのため即効的効果をねらって、事実を歪めてまでイメージ戦術を展開するべきでない。

大阪市存続派にとって、きたるべき住民投票は、政治的劣勢を考えると、戦略・戦術の練り直しをせまられるが、どうたたかうかである。ただ前回の住民投票でも、こころある市民は、なぜ大阪市が、大阪維新の勢力拡張の犠牲とならなければならないかという反発心が、勝利をもたらした。

大阪市の歴史をみれば、政府補助とか大阪府の庇護で成立したのでない。大阪港は横浜・神戸港と異なり市営港であり、明治後期、六大都市では交通事業も民営買収でなく、大阪市だけが直接創業であった。その後、公営一元化政策を貫徹し、地下鉄建設・大阪電燈買収・青バス吸収と見事な実践を展開した。大阪市保有の関西電力株も、買収による遺産であり、災害基金として市民の犠牲に報いなければならない。

歴代の鶴原・植村・関市長は、文字どおり心血をそそいで、近代都市大阪を創りあげた。その誇るべき歴史をもつ大阪市をいま廃止しては、申しわけがたたないであろう。今回の住民投票にあって、大阪市存続派はなんとしても勝利しなければならない。大阪市民の良識をどう戦略的にまとめられるか、である。

第一の課題は、きたるべき住民投票が、大阪市民の命運を決定する重大な投票であるが、市民には改革の実態が知らされていない。法定協議会でも住民投票の意義を無視し、大阪都構想の粉飾に腐心している。大阪維新が主張する大阪経済の振興・公選区長による生活行政の拡充は、妄想にちかいスローガンで、大阪市民はイメージ操作に幻惑されることなく、冷静に判断し投票することが問われている。

そのためには存続派は、特別区のメリット・デメリットを明確にしながら、つとめて市民にわかりやすいデータで、政策課題を説明していく責務がある。

第二の課題は、住民投票は首長・議員選挙と異なり、後戻りができない。大阪市を廃止すれば、未来永劫の大阪府・特別区体制となる。ムードだけで決定すれば悔いを残すことになる。

第三の課題は、大阪市廃止派は行政機関を活用し、公費で大阪市廃止のメリットを強調し、市民を洗脳できる、有利な状況にある。本来、競争条件平等であるべき住民投票にあって、大阪市存続派はきわめて不利な状態にある。この窮地を打開する戦略には、大阪市民の危機感と熱意を結集した市民連合しかない。

　昨年のダブルの選挙では、大阪維新対既成政党という対立構図で、反対派は理念なき野合として、格好の攻撃標的となったが、きたるべき十一月の住民投票では、大阪市存続の旗印のもとに、広汎な市民層の結集をかかげる市民連合方式の戦略・戦術がベストである。政党・組合の傀儡団体と誇られても意に介することはない。選挙資金も公募方式のクラウドファンディング方式、マンパワーもボランティア方式と市民運動をベースとして、総力戦でのぞめば大阪市廃止・分割をくい止めることは夢ではない。

　住民投票はあたかも大阪市廃止の合意確認の手続の感があるが、制度・システムとしては、大阪都構想を否定し、大阪市存続で市民生活を守る、最後のチャンスでもある。大阪市民の洞察力と奮起がまたれる。本書は大阪市存続のための処方箋で、本書が住民投票へのわかりやすい解説書となれば、さいわいである。

　なお大阪市廃止・分割については、拙著『大阪都構想と橋下政治の検証』『虚構・大阪都構想への反論』『大阪市存続・大阪都粉砕の戦略』（いずれも公人の友社）を出版してきたが、今回も無理な出版を引き受けていただいた公人の友社の武内英晴社長に心から感謝します。

二〇二〇年三月

高寄昇三

I　市民連合結成による勝利への方程式

1　論争なき法定協議会と住民投票への丸投げ

大阪市廃止・特別区設置をめぐって、法定協議会である大都市制度（特別区設置）協議会で、住民投票への審議が行われた。しかし、市民にわかりやすい大阪府強化・大阪市廃止のメリット・デメリット、特別区の予想される行財政の実態が、議論で明確にされなかった。

法定協議会の審議に対する不信

第1課題　法定協議の審議は大阪市廃止・分割のメリット・デメリットについて活発な議論がしめされないままで、住民投票実施となる不安がぬぐえない。(1)大阪市存続効果は無視され、特別区設置の効用のみが強調されているが、特別区設置法の趣旨にそぐわないだけでなく、住民投票の判断材料にならない。

第一に、大阪市廃止をめぐる住民投票の制度も、ズサンな急ごしらえのシステムである。「大都市地域における特別区の設置に関する法律」（以下、特別区設置法・二〇一二年八月）にそって、住民投票への準備がなされる。同法は人口二〇〇万人以上の大都市地域において、住民投票で政令指定都市を廃止し、特別区を設置できる手続法で、どのような特別区を設置するのか、法定協議会の「協定書」の中味にゆだねられている。(2)

そのため法定協議会の役割は、きわめて重要である。手続的にも議会の審議は省略され、法定協議会での審議が代わりを務め、重要な会議となっている。しかし、法律で作成を義務づけられている「特別区設置協定書」の作業をみても、大阪維新が主導権をもって作成されている。

第二に、特別区設置法は、大阪府強化への処方箋に対して、廃止される大阪市、設置される特別区への配慮が欠けるのは、中央政党間の政治的思惑の産物であるからである。

周知のように、大阪維新の強い政治力の展開と、当時の橋下市長に対する既成政党のご機嫌とりのような動きの中で「特別区設置法」が成立し、まさに大阪市廃止・分割の動きは政党エゴイズムのもとにはじまっている。

大阪都構想は、府県集権主義・経済振興志向が著しく、その観点からのみ制度の再編成がなされようとしている。そのため大阪市の存在価値、特別区の行財政、市民生活の維持などは軽視され、大阪市は無用の長物として抹殺されかかっている。

表Ⅰ-1　大都市制度（特別区設置）協議会委員名簿

区分	大　阪　府	大　阪　市
会長	今井豊（維新）	
長	吉村洋文	松井一郎
議長	三田勝久（維新）	広田和美（維新）
議員	川崎大樹（維新）横山英幸（維新）紀田馨（維新）杉本太平（自民）原田亮（自民）肥後洋一郎（公明）中村広美（公明）	山下昌彦（維新）守島正（維新）藤田あきら（維新）北野妙子（自民）川嶋広稔（自民）西崎照明（公明）山田正和（公明）山中智子（共産）

その結果、大阪市に代わって、人口七〇万人という巨大な特別区誕生となる。大阪維新は、顔のみえる特別区を、公選区長とともに改革のテーマとしていた。しかし、設置費削減のため四区制としたため、市民の特別区庁舎への利便性は激減する。

第三に、これまでの法定協議会などの論議をみると、大阪市廃止・特別区設置の推進案説明会の域をでていない。問題は、府知事・市長が政党員で、大阪市廃止をめざすとしても、行政機関のトップとしては、政治的中立を堅持し、改革のメリットのみでなく、デメリットも明らかにする、公平性を保持しなければ、住民投票で決着をつけると定めた法律の趣旨を踏みにじることになる。本来ならば、副首都推進局の素案も両論併記で、改革の成功・失敗の可能性に触れなければならない。

第四に、重大な大阪市廃止という制度改正にもかかわず、住民投票の競争平等の条件（イコールフッティグ）が保証されていない。前回（二〇一五年五月）の住民投票は、賛成六九万四八四四票、反対七〇万五五八五票という〝僅差〟が強調されているが、大阪維新は、公費で大阪都構想を積極的にＰＲした。(3)

一方、大阪市存続派としては今回も、住民投票を想定すると、「特別区設置協定書」への対応策を、膨大な労力と私費をついやして検討することになるが、住民投票を想定すると、大きなハンディである。

しかし、前回の住民投票では、大阪市存続派は、政党連合であったが、手弁当で善戦したといえる。しかも、橋下氏のような卓抜したリーダーはおらず、大阪維新に野合と批判されたが、運動の底流ともいえる市民派の良識によって勝利した。

ズサンな制度改革案

第２課題　大阪市廃止・特別区設置の内容が明確になったか、どうかである。しかし、法定協議会では不十分な審議となり、市民へ説明もなされていない。特別区設置法は、特別区の内容については、地元で決めなさいとなっているが、このままでは住民投票はイメージ選択の域をでないであろう。(4)

第一に、本来、大阪市廃止・分割は、地方制度調査会などで冷静に議論すべきであるにもかかわらず、中途半端な議論で政争の具にされてきた。特定政党の勢力拡大手段として利用されるのは、いかに無謀な企てか、批判するまでもない。

市町村合併でも住民投票は行われるケースがあるが、地方制度の改革でなく、現行市町村の統合に過ぎない。しかし、大阪市廃止・特別区設置は、都市自治体を廃止する制度変更であり、戦後で一度も経験したことのない無謀な試みである。

第二に、法定協議会で、協定書作成を義務づけているが、政党間の代理戦争のような運営では、公正な協定書作成は期待できない。また特別区設置法は住民投票を規定するだけで、住民投票の運動・法定協議会の運営については、なんら規定していない欠陥法である。

第三に、法定協議会の回数・時間よりも、審議の中味である。今回の法定協議会でも、「特別区設置効果一兆円」という、ズサンな委託研究を反対をおしきって発表し、物議をかもしている。

特別区設置コスト、改革効果などの算定にあって、大阪市廃止・特別区設置のメリット・デメリットの効果を精査した、第三者的な適正な分析作業が不可欠である。これまで副首都推進局が作成した改革効果でも、官僚が作成した正確な推計とみなされているが、実際は維新の首長の意向に追随した推計となっている。

第四に、改革効果は、前回の法定協議会でも発表されたが、きわめてズサンな算定であった。たとえば二〇一一年、府市大都市局は、大阪市廃止・分割による財政効果を、特別区設置以後一七年間で二六三四億円（年間平均一五五億円）と試算していた。しかし、効果算定は地下鉄民営化・職員削減効果など、特別区設置と無関係な効果まで算入していた。

これでは市民が住民投票をする際に、賛成派・反対派のいずれもが、適正な判断のもとで投票できなくなる。

特別区制度の欠陥が周知されていない

> **第3課題　行政サイドは、大阪市廃止・特別区設置のメリット・デメリットを市民（マスコミ）に説明する責務がある。**ことに当初の大阪都構想がなぜ後退したのか、釈明されなければならない。なによりも、成立の法的条件がない「大阪都」などを意図的にひろめていったが、市民の判断を惑わすネーミングは、公文書にあっては自粛すべきである。

第一に、特別区設置法では、住民投票が可決されても、大阪府が大阪都となるとは規定していない。大阪府・大阪市ともゼロにし、まったく新しい大阪都をつくることではない。大阪府が大阪市役所の権限・財源を吸収し、大阪府が膨張するだけである。事務局説明案では、大阪市廃止・大阪府膨張の事実は、意図的に論じられていない。

第二に、特別区について、中核都市なみの自治体として設置するという構想は、はじめから大阪維新の希望的観測で、特別区設置法制定の段階でも、大阪維新は法令改正などの努力はしておらず、実現は不可能である。

それにもかかわらず、中核市なみの特別区をさかんにPRしている。このような誤った事実を知りながら、イメージだけで市民を誘導するべきでない。住民投票の公正をそこなう行為である。

第三に、財政では、いわゆる都区合算方式で、各特別区は個別に地方交付税をうけられる資格はみとめられず、現行大阪市の枠組みのなかの大阪府・特別区の配分となる。分市方式と比較して最低でも二一〇〇億円の財源を失っている。このような特別区方式の致命的欠陥を市民に周知していない。

市町村合併では、政府はさまざまの財政支援をしているが、大阪市廃止・分割に関しては、大阪府・市が勝手に願望しているもので、政府は支援する必要はないとの態度である。結果として特別区は、権限・財源なき準自治体・擬似自治体に過ぎないが、大阪維新は公選区長でカモフラージュしてきた。

第四に、設置される特別区の実態が十分審議されないまま、数の論理で四特別区案と、人口七〇万人の政令都市なみの巨大自治体となった。地理的にみても身近な存在ではなくなり、「ニア・イズ・ベター」の理念も、完全に崩壊してしまった。(5)

公費を使った虚構・大阪都構想の宣伝

第4課題　住民投票は、公職選挙法が適用されない、提案者の行政サイドが有利な決定となる。しかもテレビの宣伝、SNSの活用もあり、どちらがイメージ戦略に勝つかという、議論なき住民投票になりかねない。

第一に、住民投票における運動方法の規制はまったくない。したがって一般的に提案者である行政サイドが、公費で都構想の説明という口実で、メリットだけを宣伝しかねない。前回の住民投票でも、三九回も説明会が実施され、橋下市長（当時）が出席したが、大阪市廃止のデメリットに触れない、橋下独演会でおわっている。(6)

第二に、住民説明会では、賛成・反対派の意見が十分に論議され、都構想のメリット・デメリットが併記されるべきである。しかし、実態は作為的行政資料による市民誘導が行われている。(7)

住民投票のアキレス腱は、十分な論議が省略され、印象操作だけで投票、誘導されるところにある。理想は議会公聴会とか、アメリカ大統領選挙にみられるように、公開討論会がなされるべきである。

第三に、大阪都構想の議論は、基本的にイメージ優先で、市民に構想が虚構の産物であることすら知らされていない。この点を強調したのが藤井聡京大教授で、住民投票は『大阪都』をめぐる住民投票ではない。「『都構想』が実現しても大阪都という名前になるわけではない」「『大阪都構想』が実現しても、大阪府は大阪府のまま」(8)であると指摘している。

大阪府・大阪市を解体して新自治体を創設すると、橋下徹氏はさかんに提唱していたが、大阪都構想なるものは当初から制度的に不可能で、大阪府による大阪市吸収・分割である事実を、市民には隠蔽していると、批判されても弁明の余地はないであろう。実際、特別区の設置が可決されても、大阪府は無傷で、改革太りするだけで、影響は特別区サイドに財源不足となってあらわれるだけである。

第四に、一般市民は、大阪都になれば、他の府県と異なり別格の優遇措置が得られると錯覚しがちである。だが制度上、優遇措置などないことを知っていながら、大阪都構想をひろめていった大阪維新の戦略は、未必の故意ではなく意図的な詐術の背信行為である。

たしかに大阪都という名称は、大阪人の誇りをくすぐる効果がある。イメージ選挙を得意とする大阪維新にとって、捨てがたい有効なネーミングである。大阪都は、大阪維新が創作した仮想名称で、しかも実現には法律制定が必要であり、さらに名称変更の大阪府全域の住民投票を実施しなければならない。(9)

第五に、憂慮されるのは、大阪市廃止・分割を既定路線として、府・市施設の統廃合が着々と行われ、既成事実が積み重ねられている。大阪府立大学と大阪市立大学の統合で、一〇〇〇億円の新校舎建設という方針が決定されている。府・市首長がともに大阪維新であるので、行政ベースでは決定は当然とみなしているが、露骨な事前運動といえる。住民投票以前の施設統廃合は、民意無視の行為で自粛すべきである。

注

(1) 法定協議会については、薬師院仁志「大阪の政治的危機―法定協議会再設置にいたる暴政―」、幸田泉「法定協議会再設置にいたる経緯と問題」、柳本顕「法定協議会における議論への懸念」『市政研究』一九七号参照。

(2) 決定すべき項目は、特別区の設置日、特別区の名称・区域、特別区の設置に伴う財産処分、特別区の議会の議員定数、特別区と道府県の事務分担、特別区と道府県の税源配分・財政調整、職員の移管、その他の必要な事項である。そのうち事務分担、税源配分・財政調整は、他の自治体への影響を避けるため、総務省との事前協議となっている。大阪の自治を考える研究会編『大阪市廃止・特別区設置の制度設計案を批判する』一二頁参照、以下、前掲「大阪市廃止・特別区設置」。

(3) 「維新の会」が住民投票に投入した広報費は、「およそ五億円。国政政党である維新の党が得た政党助成金や維新の会への個人寄付から捻出している。まさに党を挙げての全力投球だ」(薬師院仁志「現在時点であらためて問う大阪市住民投票の意味」『市政研究』一九五号三四頁)といわれている。さらに公費による大阪市主催の「住民説明会」は計三九回開催され、会場では大阪都構想の説明パンフレットが配布され、橋下市長がみずから説明している。このように政党主導の運動が自由に展開されてきた。それは特別区設置法が真に地方制度改革として立案されたものではなく、「国政選挙がらみの思惑に基づく議員立法」(同前三一頁)であったからといわれている。もし今回の住民投票で情報不足のまま大阪市廃止が決まれば、反対派は悔やみきれないであろう。

(4) 国会審議でも、「住民投票で住民が選択するから」問題はないという趣旨で、「都区制度に準じた制度を導入するための手続きだけは整備したので、『大阪にふさわしい大都市制度』の具体的な制度設計やそのあり方については、大阪で決めなさい」(大阪の自治を考える研究会編『いま、なぜ大阪市の消滅なのか』一四頁、以下、前掲「大阪市消滅」)ということである。しかし、手続きだけ決めて、特別区の内容は、民意で決定しなさいという政府の投げやりの対応は、大阪への軽視が表れている。政府の対応は無責任といえる。

(5)　「ニア・イズ・ベター」の理念については、「行政機関は大きすぎず、小さすぎず、ということが大事です。大きすぎると、住民の意思を十分に反映できません。かといって小さすぎては、財政が成り立たず必要な人材があつまらない」（橋下徹・堺屋太一『体制維新―大阪都』四三頁、以下、橋下・前掲「体制維新」）といわれていた。七〇万人の特別区は「ニア・イズ・ベター」の理念を大きく逸脱し、あまりにも大きすぎる。

(6)　特別区設置法の運動制限については、武田真一郎「『大阪都構想住民投票』に関する一考察」、山下貴史「大阪市住民投票の取材を振り返って」『市政研究』一八八号参照。

(7)　前回の住民投票にあって、全戸配布された説明パンフレットでは、二〇一七年から二〇三三年までの再編成効果二六三四億円と積算されている。内容は地下鉄民営化・ごみ事業民間委託・各サービス施設廃止など、大阪市廃止・分割と関係のない効果であり、特別区設置などの五年間の赤字八五八億円は、基金・市有地売却で補填するとしている。市事業収支でなく、制度改革の必然的増加・減少の積算が求められているにもかかわらず、説明書は応えていない。むしろ恣意的積算で効果を過大算定しており、詐術による市民誘導である。

(8)　藤井聡『大阪都構想が日本を破壊する』二九頁、以下、藤井・前掲「大阪都構想」。

(9)　大阪維新は大阪都制は法案を提出し設定をめざすといっているが、「『都』という名称には、様々な意見があり、一筋縄ではいかないのです。そもそも都は一つであるべきだ、首都以外に都を置くべきでない」（藤井・前掲「大阪都構想」三〇頁）など、おおくの反対意見がある。しかし、大阪都という仮想名称は、結果として大阪維新に有利に働いている。マスコミもふくめて、正確な事態を反映した「大阪市廃止分割構想」（藤井聡）を使用すべきで、民意を歪める大阪都構想の使用は、控えるべきである。

2　虚構のイメージ戦術に対抗する戦略・戦術

大阪都構想は設計がズサンで、その実現は本来ほとんど不可能であった。にもかかわらず、大阪維新が政治勢力を拡大していけたのは、大阪都構想の巧みなイメージ操作で、政策論争は意図的に避ける戦術にあった。

大阪維新のイメージ操作

第1課題　大阪維新の戦法・戦術をみてみる。大阪維新は、常に政党として闘争ターゲットを絞り込み、政治勢力拡大のエネルギーとしてきた。その戦略目標は、大阪都構想という虚構であるが、市民うけする積極的改革イメージを打ち出していった。一方、大阪市存続派は、大阪市存続という制度防禦の消極的イメージしか展開できなかった。きたるべき今回の住民投票では、市民の感性に訴える戦術への転換が迫られている。

第一に、大阪維新の勢いは、攻撃対象を設定し、改革イメージをつくりだし、政党内部を引き締める戦法にあるが、たえず外部への闘争心を喚起しなければ、政党勢力は衰退する運命にある。田原総一郎氏は、「都構想もだめとなれば、大阪維新の会は大阪の人から捨てられるでしょう。いまの維新への支持は、もしかしたら大阪が良くなるかもという、ただの期待感でしかないから」(1)といわれている。

第二に、大阪都構想は仮想名称で、実際は大阪市廃止分割・特別区設置構想である。ところが大阪維新の強さの秘密は、都構想を魅惑的争点にして、実現不可能な改革をキャッチフレーズにして、市民を誘導するしたたかさである。「キーワードは、『二重行政』『民営化』『大阪の成長戦略』『大阪万博誘致』『大阪都構想』」(2)である。

これらのイメージは、すでに市民の脳裏に定着しており、洗脳払拭は容易でない。しかし、その中心である「都構想」を崩壊させることである。「逆説的のようだが、維新の強さは都構想の実体がみえないこと・・・・神輿の如き存在としての都構想である」(3)といわれている。

すなわち大阪都構想は、政策合理的の篩（ふるい）にかけられれば、困るわけである。そのため選挙ではシンボル効果を背景に、「組織態勢、機動力、戦闘力、マーケティングや広報の専門知識を活用した情報力」(4)で、他党を圧倒していった。

第三に、大阪市存続派は、政策論をベースに、都構想を批判してきたが、無党派層には届かなかった。無関心層も、大阪都構想のイメージに、快感をかんじ賛成している。そのイメージがこわれ、その結末が現実となり、市民が肌で感じるのは一〇年後で、それまではイメージ効果は生きつづける。まして今年一一月の住民投票には間に合わない。存続派としては、対抗上、あたらしいイメージを、知恵を絞りつくる必要がある。

大阪市存続派としては、大阪市消滅のデメリット、いいかえれば大阪市存続の再評価でもって、大阪経済の復権・市民生活の向上へのビジョンを示し、大阪市死守を呼びかける努力を惜んではならない。

大阪市存続派の戦略・戦術の転換

第2課題　昨年のダブル選挙における、大阪市存続派（反維新）の選挙戦術は、ポピュリズム批判と政策・制度論争であったが、必ずしも市民への共感を呼ばなかった。今回の住民投票は市民の感性にストレートに響く戦術の転換が求められる。大阪市存続派は、正攻法の政策論争で対決すべきである。大阪都構想の政策的欠陥を市民にわかりやすいスローガンで訴える、洗練された戦略・戦術の展開が、不可欠である。

松本創氏は、大阪市存続派（反維新）の運動の欠陥を、つぎのように指摘している。

第一に、「大阪の代表者と認められるだけの『利益』を示せなかった」(5)「利益とは、端的に言えば『経済的メリット』である。もっと簡単に、身も蓋もない言い方をすれば、『景気のいい話』」(6)となる。しかも大阪維新の支持者は、インバウンドや万博、それにともなう公共投資などで、「自分の財布が潤い、仕事や生活が楽になるというのでなくとも、『大阪全体が元気になる』と信じ、期待している」(7)という気分・ムードの問題としている。

要するに政策の良し悪しより、「地域の『経済』や『景気』というテーマは、避けて通れない」(8)。投票は理屈でなく、気分も選択要素となる。たしかにこれまで反対派は、制度論という視野狭窄症に陥ってしまい、市民の感情にふれる戦法を軽視してきた。次回は、「大阪アニメで下町に活力を」「中小企業で新技術開発を」など、内発的開発を訴えていけばよい。

第二に、『改革』や『変化』に対して、反維新の側があまりにも消極的にみえることだ」(9)と指摘されている。「大阪市死守」では、一般市民へのインパクトは弱いし、「大阪の伝統」といっても、新規住民には説得力がない。

大阪市存続派は、経済振興・制度改革でも、劣勢を余儀なくされたが、「市民生活優先」という、より切実なテーマ設定を忘れていた。大阪都構想のアキレス腱は、特別区の脆弱化である。だれがみても市民サービスは低下する。金銭に淡白な大阪維新の支持者でも、特別区の貧弱な財政で「健康保険料の引上げ」「保育や介護サービスの低下」となれば、大阪都構想には反対せざるをえないであろう。対策としては「大阪市存続で生活サービス維持」をスローガンとすればよい。

第三に、大阪都構想の華やかな幻想の陰にかくされた、欺瞞にみちた悲惨な将来図を政策検証であぶり出し、市民感覚に連動させる高等戦術が、住民投票の勝利を呼び込むはずである。

なによりも住民投票は、大阪市民の生活、いいかえれば大阪市民の幸せがかかっている。「『大阪都構想』というイメージについての人気投票ではない・・・・・しっかり『中身』を理解することが求められている。・・・万一、『都構想』が実現すれば、それはもう後の祭りとなります」(10)と、警鐘が鳴らされている。

都構想の中身・結果に不安のある市民は、再度の検討機会をつくりだすため、まず反対投票をすべきである。ムードに流され投票して、禍根を残すべきでない。

第四に、「『正しさ』も必要だが」「期待させるイメージが票を集めやすい」(11)という選挙の実態である。

大阪維新は、政権党として権限をフルに活用して、交通民営化などの実績を宣伝している。「大阪にはいまや、維新支持者が着実に深く根を張っており」(12)、イメージも定着している。
「対抗軸を立てるにも、市民の分断を埋めるにも、まず維新の強さを認め、なぜ彼らが大阪において支持され続けるのか」(13)、自省をこめて反省すべきと、存続派は批判されている。

生活実感のある政策スローガンを

第3課題　大阪市存続派は政策論争に敗北したのでない。このままでは特別区における生活行政の破綻が確実視される、というわかりやすいスローガンによる政策論争に転換すれば、勝利の図式も描くことができる。

大阪維新の人気は、政策的にすぐれていたからではない。民営化・民間委託にしても、万能薬的な効用があるものではない。目先の利益・効率化が図られても、政策選択としては、〝公共性〟の喪失によって、市民生活の低下へと連動しかねないのである。(14)

第一に「地下鉄収益で路線バス維持」を提示すればよい。「民営化で国税・府税を払うなら、バス路線維持を」といったスローガンで、民営化の欠陥を浮きぼりにし、公営交通の〝公共性〟を訴えるべきである。
大阪維新の集票能力の高さを認め、市民がそれを如何に支持しても、それが即、政策の最適化を立証するものではない。大阪市を廃止し、大阪府強化を図ろうとする政策・戦略は、制度論としてだけでなく、市民生活にとってマイスであることは、確実である。

第二に、「『経済的メリット』を語ること。大阪市を残した先にある前向きな『変化』を示すこと。その二つをイメージさせる、できるだけわかりやすい言葉を見つけること」(15)といわれている。

都市振興策では「市民出資で地域連携の新産業創設を」「自然エネルギーで地域環境推進を」といった、「市民経済都市」「新地域産業創出」があげられる。大阪市存続による内発的開発を連動させ、「大阪市民の生活・経済を守る」という、実感のあるスローガンを掲げる戦略が有効である。

第三に、大阪都構想の欠陥は、次第に顕在化しつつある。大阪市存続派は政治音痴と嘲笑されようが、選挙戦術のコペルニクス的転換を図っていき、市民連合の結成をすすめ、大阪市存続のエネルギーを培養していけば、大阪都構想対大阪市存続の対立構図ができ、市民に選択肢を明示できる。

これまで大阪市存続派は大阪都構想の制度批判に終始し、その生活行政のマイナスを訴えなかった戦術ミスがあった。特別区財政悪化がもたらす、「健康保険料引上げ」「保育や介護サービスの低下」反対といったスローガンで、制度改悪の悲劇を印象づけるのが効果的である。

第四に、松本創氏は「大阪市を『守る』というばかりでなく、守った先にどんなメリットがあるか」(16)を示すべきといわれている。ことに都市内分権化がおくれていた区政については、地域行政の現地総合化を可能最大限に充足する、市民参画型行政の創出をめざさなければならないであろう。(17)

経済メリットは内発的開発による地域産業の再生であり、市民生活のメリットでは、大阪市存続による福祉行政維持である。

第五に、したがって経済戦略では、インフラ整備型でなく、新産業創造型の内発的開発で対抗すべきである。また、行財政改革では、減量経営一辺倒の職員給与・議員報酬減額といった短絡的対応でなく、政策経営重視のマンパワーの育成、議会・議員の民主化・開放化をすすめるべきである。

第六に、イデオロギーだけでは勝てない。「自治を守る、民主主義を守る、働く者の権利を向上させる、社会福祉の充実」(18)などは、内向きの論理であり、市民の感性に訴えるには弱いと、戦術のまずさが指摘されている。

しかし、内向きであっても、生活・自治などの基本的視点から、生活行政の低下、災害対応力の劣化など具体的に市民の感性に訴え、大阪都構想の偶像の破壊をよびかける効果は大きい。

第七に、今後、防災・減災対策などの実効性ある政策の実施となれば、大阪市の存在価値がクローズアップされるであろう。「特別区公選は素晴らしいが、市民生活を守るには公選大阪市長の存在が不可欠である」ことがわかるであろう。大阪都構想は、大阪市・大阪市長のイメージを、大阪経済の低迷の犯人に仕立て上げ、大阪府のイメージアップに腐心してきた。

しかし、大阪市民からみれば、大阪府は所詮他人である。要するに中二階といわれる管理・指導官庁で、自腹を切って大阪市民を救済する意欲は乏しい。自己犠牲で大阪市民を守るのは、やはり基礎的自治体の大阪市に頼るしかない。大阪市が秘める調整・専門・実施能力は、非常時になればなるほど威力を発揮するであろう。大阪都構想で大阪市廃止・分割は、まさに大阪市民の自殺行為である。

注

(1)　田原総一郎、二〇一九年九月五日、朝日新聞。

(2)　大矢野修「維新圧勝の大阪の政治をどう読むか」『月刊自治研』七一七号一六頁。

(3)(4)　同前一六頁。

(5)〜(7)　松本創「『守る』だけでは勝てない時代—『維新政治』からみえるもの—」『市政研究』二〇四号九四頁、以下、松本・前掲「『守る』だけ」。(8)　(9)　同前九五頁。
(10)　藤井・前掲「大阪都構想」六頁。
(11)　松本・前掲「『守る』だけ」九六頁。(12)同前八八頁。(13)同前八九頁。
(14)　従来、地下鉄経営にしても、地下鉄収益でバス赤字を補填し、複合経営形態で全体として市民の足をまもってきた。それを地下鉄・バスを分離し、地下鉄・路線バスは民営化して運営するとしているが、路線廃止に拍車がかかるであろう。そのうえ民営化で、四〇〇億円の事業収益へ課税しても、特別区は法人市民税のみでなく、固定資産税もふくめて、国税・府税に吸いあげられてしまう。しかも大阪維新は、これまでの大阪市の地下鉄経営戦略の成果を、自己の成果とすりかえて、民営化を粉飾している。政策的にみれば、民営で地下鉄サービスが効率化され向上しても、生活路線バスが廃止され、地下鉄収益が民間・国税・府税へと放出されれば、なんのための民営化か、となる。
(15)〜(16)　松本・前掲「『守る』だけ」同前九六頁。
(17)　この点について、「大阪市は政令市としての歴史が古いだけに、本庁集権体制を濃厚としている。関市政時代に明るみにでた大阪市の腐敗も、基本的にはこの集権体制＝意思決定の密室性に由来していよう」(新藤宗幸「地方政治の現状と課題」『市政研究』一六九号一七頁)といわれている。
(18)　松本・前掲「『守る』だけ」九六頁。

3　市民連合結成による勝利への図式

住民投票にあって、大阪市存続派は政治的劣勢のもとでどう戦うか。住民投票の原点に立ち返り、大阪市存続の効果を市民生活・地方自治の原点から再評価し、その結果をふまえて、府県集権主義と対決していくしかない。

大阪都構想のアキレス腱

第1課題　大阪市存続派は、まず大阪維新のイメージ戦術にどう対抗していくか。大阪市存続派は、大阪都構想の虚構を批判し、欠陥を暴露しても、制度・政策論ベースでは、市民へのアピール効果は薄い。ただ、数億円の運動費を注入する大阪維新に対抗するには、イメージ操作では敗色濃厚となるかも知れないが、政策分析に裏づけられたスローガンで対抗していけば、勝機を見出せるはずである。

第一に、大阪維新の強さはイメージ戦術だけではない。その背景には、粉飾気味であるが、府財政の再建、市財政の健全化などの実績もある。維新支持者も「穏健な支持」に変貌したという政治変化がみられる。「維新の政治手法やビジョンに異を唱えてきた者は、いまこそ安易な予断を捨てて維新支持者の声に耳を傾け、自分たちに何が足りないかを考えるべきだろう」(1)と、大阪市存続派は反省を迫られている。しかし、大阪維新・維新支持者層も、穏健派になったとしても、選挙戦術・戦略は、イメージ選挙となるであろう。しかも今日でも、大阪維新はポピュリズムの遺伝子を継承しており、イメージ操作を断念したとは思えない。

第二に、具体的対応としては、前回の住民投票から比較すると、大阪都構想のイメージはかなり色褪せ、理論的・政策的・行政実態からみて、大阪都構想の欠陥は顕在化してきた。単なる府県主義による大阪府の勢力拡張に過ぎない、露骨な大阪府のエゴイズムも露呈してきた。

「都構想で大阪市がつぶされる」「都構想で特別区は巨大行政機関に変貌する」「都構想で特別区の自主税源は激減する」「都構想では防災対策・救助活動は機能不全」など、都構想という神輿に矢を打ち込み、大阪維新の虚像・大阪都構想粉砕という戦術は、必ずしも不可能ではない。

第三に、大阪市存続派としては、特別区行財政の弱体化という大阪都構想のアキレス腱を攻撃するのが有効な対抗策である。「特別区自主財源は大阪市の三分の一」、「特別区は町村以下の団体」、「大阪市廃止で災害救助は機能不全」など、巨大四区再編成より二四区存続による地域活性化がベターであり、大阪市・区との連携による行政システムの卓抜性を、市民に問いかけるべきである。

また経済振興策も実効性がない。「大阪都構想は仮想産物」「中核市なみ特別区は妄想」「インフラ開発で財政破綻」「大阪府強化は経済開発優先」などのキャッチフレーズで、市民の感性に訴える戦術を徹底すべきである。

第四に、大阪維新が改革の実績を誇示するならば、存続派は大阪市の存在価値を強調すべきで、廃止による犠牲がいかに大きいかを、市民の感性に訴えるべきである。大阪市廃止は、大阪の伝統・文化・財産の大阪府による破壊・収奪である。実際問題として、大阪府の強化は制度的にみても、基礎的自治体から財源・権限を収奪し、生活行政の低下をもたらす危険性がある。

俗な発想では、大阪府は大阪市の財産を奪って、大阪府内全体にばらまき、大阪府民の歓心をそる目算である。大阪市・府水道の統合問題が典型的実例であるが、政府はもちろん府県も大都市冷遇の伝統的体質を内包しており、大阪府にあっても政治的に三割の勢力しかない大阪市より、七割の府内市町村への利益還元の意向が働くのは当然ともいえる。

大阪市存続派としては、大阪市の財源・財産は大阪市民のものであり、「大阪市税・財産を大阪市民から奪うな」が存続派のスローガンとなる。さらに大阪市廃止・分割は、市民生活の分断であり、生活崩壊につながる。(2)

住民投票は政党主導の選挙とはちがう

第2課題　住民投票は、政党主導の選挙とは異質の市民選択である。政党の勢力格差、イメージ操作が、住民投票ではストレートには稼動しない可能性がある。政治動員力で劣勢にある大阪市存続派が市民連合をすれば、十分に対抗できる力をもつことができる。

第一に、住民投票は、議員選挙とは異なり、直接、大阪市民の生活がかかっている。大阪市民は、ムード・イメージといった曖昧な気分でなく、大阪市廃止という現実を直視して、投票しなければならない。

第二に、首長・議員選挙では、人物評価が情報不足でできにくいが、住民投票は、一応、対象事案は提示されている。市民は行政サイドの公式報告によるイメージ操作に惑わされることなく、反対意見も積極的に聴取して、改革の実態を透視力をもって判断しなければならない。

第三に、運動方法・資金・方策にあって、制限はなく、選挙戦術に巧みな大阪維新に対して、リーダーなき急ごしらえの市民連合が、どれだけまっとうな活動ができるかがカギとなる。

大阪維新は、近年、行財政実績をふまえて、必ずしもイメージ戦略一辺倒ではない。改革に対する根強い支持層がひろがっていると、自信をつよめている。(3) しかし、存続派は、市民生活死守をスローガンにして、大阪維新の改革の欠陥を攻撃すれば、勝機はある。

市民連合こそ勝利への道

> **第3課題　大阪市存続派は、全市民層参加型の市民連合を結成する必要がある。** 既存政党・労働組合・学識経験者などの個別対応では、首長・議員選挙で、大阪維新に大敗を喫している。全市民層の参加型の市民連合を結成する必要がある。

まず市民連合の結成、市民参加のムードづくりをし、大阪市存続派の学識経験者の研究会の立ちあげからスタートすべきであろう。市民運動のスタイルをいかし、大阪市存続の輪をひろげていく策が、正攻法としてベストであろう。

運動母体としては、「政党や政治家や労働組合などが前面にでる旧来型の運動ではなく、党派色を排した市民運動組織をつくる」(4)ことである。市民の自主的連合の結成が、野合批判を排斥する効果を発揮し、存続派の大きなハンディが消滅する。

大阪市存続派への賛同者をどう結集させ、支持の輪をひろげていくかである。その原動力は、大阪市への愛着心である。大阪維新の組織だった運動に対抗できるだけの、大阪市存続派のエネルギーをどう引き出せるか。はじめは既存グループ・組織が呼びかけ、起爆剤を発火させるしかない。

市民連合が住民投票にあって有利な点は、第一に、広汎な市民層の結集が可能となる。従来の首長・議員選挙では、市民は行動を縛られるが、住民投票では、市民連合は自由である。新生大阪市、活力ある大阪経済への提言を打ちだし、住民投票の主導権を握るべきである。

第二に、市民連合は党派にこだわらない、ゆるやかな連繋であり、すべての政党への連合を意味する。また党員以外の無党派層への浸透性もすぐれている。キャッチフレーズも、市民感覚にあふれたものになる。災害ボランティアと同じように、すべての市民が、社会貢献の一環として、市民連合を支援することになる。

住民投票は、大阪維新対反大阪維新政党といった、政党間の代理戦争とすべきではない。政党の戦略・利害を超えて、全市民の課題として、選択すべきテーマである。

第三に、市民連合は、市民の感性と政党の専門知識を融合させ、戦略・戦術をねり、スローガンを決定し、活動も連携してすすめられる強みがある。何よりも市民は、地縁・血縁・社縁など、人的関係はゆたかで、本気になれば、集票機能は抜群で、政党の動員力をはるかにこえるであろう。

第四に、市民連合で政党野合の呪縛から開放される。市民連合は、自民党と共産党が連携しても野合ではなく、あくまで市民の自主・参加型の連合である。大阪市政の伝統と財産、大阪市民の生活保障のための聖戦であるという大義名分がたつ。住民投票は通常の選挙運動とちがい、市民の創意工夫や献身性が発揮されやすい。(5)

そこに市民連合の強みがある。

第五に、ただリーダーなき闘いは、弱点となるので、恩讐をこえて民間人からリーダーを選出しなければならない。これは政争でなく、市民生活を死守するための「権利のための闘争」（イエーリング）という、信念をもつべきである。

運動資金は、市民サイドの募金で集めることができる。生活現場でも、徹底した草の根民主主義による、市民活動の展開ができる。大阪維新は感覚に訴えることができても、現実の政策合理性のないイメージは、実証にもづく政策提言には、劣勢を余儀なくされるであろう。

注

(1)　松本・前掲「『守る』だけ」九二頁。

(2)　大阪市の分割論に対し、「大都市行政需要の特質は、大量性・多様性・高度性や域内での流動性が激しく相互依存関係が強いことにある。このことから大都市行政は一体性・統一性・総合性をその特性としている。機械的に分割することはまさに大都市の動態を捨象した『机上の空論』である」（木村収「府市統合・再編論、大阪市分割の虚実」『市政研究』一六九号七頁）といわれている。それでも今や現実の危機となったが、なぜ実行しようとするのか、基礎的自治体の実態を理解しない、机上の抽象論だけの制度論のなせる性である。

(3)　橋下徹氏は、大阪維新の政治的強さについて、「支持率の源泉は、有権者の実体験の『濃度』。二〇一八年秋には二五年・関西万博の開催が決まり、一九年六月には主要二〇カ国地域首脳会議（G20サミット）が、大阪で開かれた。市営地下鉄が民営化した大阪メトロは三〇〇億円の利益をだした。一八年に入って松井・吉村体制の実績が花開き、有権者の信頼度がぐっと上った」（二〇一九年九月三日・朝日新聞）と自信をふくらませている。しかし、イベント行政は華やかであるが、一時的効果に過ぎない。民営化といっても大阪地下鉄は、平松市長時代から高収益企業で、二〇〇九年二八九億円の黒字で、大阪維新の経営実績とはいえない。いずれにしても市民は、大阪維新の行政実績を表面だけで信じていて、大阪市廃止で生活サービス低下の被害者となることには気づいていいない。

(4)　松本・前掲「『守る』だけ」九六頁。

(5)　前回の住民投票でも、「七〇万という反対票が積みあがったのには、最後まで公明・自民・民主・共産の各政党が一貫して『反対』の統一戦線を崩さなかったことが大きかった。途中で紆余曲折はあったが、各政党とも中央統制に追随するのでなく、現地の政治判断を優先させたことで、過去に例のない統一戦線が築かれた」（大矢野修「住民投票その後」『市政研究』一八八号五九頁）と、反大阪維新の政党の結束が称賛されている。その背景には政党をこえた市民の危機感、熱意があった。政治情勢が変化してきているが、自主・参加型の市民連合との連携で、より高次の統一システムが結集されればよい。

Ⅱ　大阪市廃止と特別区の実像

1　府県集権主義と特別区の苦境

当初の中核市なみの特別区案は、次第にほころびがみえ、実現の望みはほとんどなくなった。しかし、七〇万人のマンモス特別区では、生活利便性は悪く、きめ細かなサービスもできないようでは、大阪の市民は無関心ですまされない。

大阪府による政令市・大阪市つぶし

第1課題　府県集権主義による特別区設置の背景・実態を追及する必要がある。都府県の深層心理としては、特別区を行政区として完全に自己の統制下におき、自己支配のため最大限に利用したいのである。この行政メカニズムは、政府・地方団体間にあっても、伝統的に稼動している。政令指定都市制度は、この中央・府県支配に対する都市自治権確立運動の成果物である。

特別区設置の制度的意味は、第一に、「特別区は府県集権主義の産物」である。大阪市廃止・分割は、府県集権主義の巻き返しである。政令指定都市・中核市・特例市など、戦後の市町村自治尊重の改革理念で、府県の市町村支配力は弱体化してきた。

府県権限の拡大は、「大阪市を解体して、その権限を広域自治体が奪うことは、地域主権から基礎自治体中心とされる考え方からは矛盾します」(1)と、地方分権に反する改正であると批判されている。

大阪市廃止は、「多くの都市が合併で権限をもつ政令市の仲間入りをしている中で、わざわざ政令市を放棄してまで五つの特別区（今回は四特別区）にする意味が分かりません」(2)と、理解しがたいと批判されている。

第二に、「特別区は政令指定都市つぶしの成果物」である。大阪府にとっては、大阪市が府域の中心にあり、府政がやりずらい点があった。二〇〇六年、堺市が政令市になったのは衝撃であった。当時の橋下知事は、政治的に堺市を傘下におさめるため、新人の竹山氏を応援し、一四日間の選挙期間中に九日も堺市にはいり、現職市長を政党野合の傀儡政権として、攻撃し勝利する。

橋下知事はその後、政党大阪維新を立ち上げ、本命である大阪市解体をめざす、その方策が大阪都構想であった。「中之島一家」をつぶすという、大阪市腐敗構造破壊を掲げ、大阪市長に就任し、強権的市政を展開し、大阪市の去勢化に成功する。(3)改革の目的は、大阪市廃止・大阪府強化であり、特別区設置はいわば、結果として発生した残務整理のようなものである。

第三に、「特別区は大阪府エゴの産物」である。大阪都構想なるものは、大阪維新の戦略の道具で、そのための大阪市廃止であった。府市一元化・大阪経済復権は、大阪市廃止を幻惑する迂回策に過ぎないが、もし特別区が誕生すれば、多難の出発となることは必至である。

そもそも大阪市廃止の根拠が薄弱である。大阪維新は、「大きすぎる大阪市」「小さすぎる大阪府」といっているが、神奈川県をみると、横浜・川崎・相模原市と政令市が三つもあり、県行政の空洞化がすすんでいる。京都府をみると、京都市の比重が大きく、府行政の主導性は京都市を無視しては実益がなく苦境にある。

しかし、神奈川県・京都府をはじめ、政令市のある府県で、政令市廃止・分割の動きはなく、あくまでも協調路線である。現実をみると、府県・政令市連携方式で十分に対応でき、大阪都構想は自粛すべきである。

第四に、「特別区は幼稚な地域主義の落とし子」である。大阪維新は、大阪市が基礎的自治体として大きすぎる。「住民の顔をみながら仕事ができるかといったら、これは絶対無理です」と批判している。しかし、市民の顔をみて行政をする規模となると、人口一万人規模である。新設される特別区の人口七〇万人で、大阪維新は言ってることと、やってることが支離滅裂である。

第五に、「特別区は大阪市消滅の代替物」である。まず大阪府は、大阪市廃止で都市基盤整備などをにない、生活行政は特別区に預ける構図となっている。しかし、分割された特別区では、市民サービス機能は十分に遂行できない。

これまで大阪市の専門・調整機能と、各区の現地総合性・地域密着性が融合したサービスシステムであったものが、四特別区に分割されると、専門性は乏しくなり、各区の調整機能も欠落してしまう。これらの機能を監督機関の大阪府に代替を求めることはできない。制度として、不完全自治体の特別区は、治癒不可能な決定的欠陥を内包することになる。

第六に、「大災害など非常事態で特別区は機能不全となる」。大阪市廃止の痛手は、大災害といった非常事態に直面して、はじめて実感として知ることになる。大阪市を四分五裂化した特別区では、連携しても大阪市のように強力な実行能力はない。要するに公選区政といった美化された制度はどうでもよく、ます行財政の能力がなければ、公選区長といっても無力な飾りに過ぎない。(4)

大災害に襲われたとき、大阪府・特別区体制は、心許ない限りである。大阪市は「中之島一家」として批判を浴びてきたが、大阪市の行政能力が崩壊したのではない。大阪市なくして、だれが大阪市民を守るのか。

そもそも「自分たちが一〇〇年以上にわたって『経営』し続けてきた大阪市という自治体を解体するのは、『正気の沙汰』とは言えぬ暴挙ではないか」(5)と、きびしい非難が浴びせられている。

特別区では、大阪府・特別区の二元行政となり、円滑に救済・復興事業も実施できないであろう。自衛隊派遣要請は府県の専管事項であるが、被災の実態は現場に近い特別区しかわからない。さまざまな災害救助行政が、この府県経由方式によって欠陥が露呈し、支援施策の阻害要素となってきた。大阪市であれば、指定都市としてかなりの分野で、実質的に府県経由方式の欠陥を治癒することができるが、特別区ではできず、災害復旧も停滞を余儀なくされるであろう。

大阪市なき後の特別区の窮状

第2課題　大阪市なき特別区の行財政運営の実態を見過ごしてはならない。制度的に大阪府は特別区の監督者であるが、大阪市は区の庇護者だけでなく、いわば身内の自治体である。ここが大阪府と大阪市の決定的相違点である。

第一に、「公選区長の過大評価」である。かつて橋下氏は府知事当時、大阪行政区長は権限・財源もなく、満足な行政もできない惨めな状況にあると嘆き、公選区長による区の大阪市からの独立性を主張していた。そのため「驚天動地の行政改革が必要となります。従来のような個々の施設を対象にするような行政改革でなく、府庁、市役所という組織ごと抜本的に二重行政の無駄を省く取り組みです」[6]と、改革の効果を強調していた。

しかし、公選区長にしたから、懸案事項がすべて解消されることなどあるはずがない。現実の特別区は、大阪市廃止で、責任だけが重く、権限・財源がないきわめて過酷な制度となる。むしろ制度としては、従来どおり大阪市のもとに行政区が存在し、大阪市が第一次的行政責任者として対応するのが、本来の都市のあるべき姿だといえる。中途半端な府県主導型の改革が特別区を苦境に追い詰めることになる。

第二に、「公選特別区の二重機能負担」である。大阪市廃止で、区長は従来の市長と区長の両方の役割をになう。市民からみれば、現在の大阪市・二四区の連携による行政サービスと、特別区単独の行政サービスを比較するとき、特別区のサービスは、市・区連携のサービスより劣ることは、制度的にみても、実際を想定しても、歴然としている。

特別区は公選区長をいだく団体となるが、実質的には特別地方公共団体で、完全自治体ではない。極論すれば大阪府の内部団体・下部組織といった、傀儡機関になりかねない。大阪府ＯＢが区長にえらばれ、大阪府の代執行者となる事態ともなりかねない。

第三に、「行政サービス機能の低下」である。市民のもっとも関心の深い行政サービスについて、橋下氏は「住民サービスの総量は、現在の大阪府・大阪市体制と大阪都・特別自治区体制で違いはありません。ですから必要な財源総量も変わりません。住民サービスの主体・財源の再配分の問題なのです」[7]と、解決ずみとみなしていた。

しかし、現実は大阪市が廃止され、公選区長となると、財政調整措置があるといっても、自主財源は三分の一となり、大阪市の基幹税である固定資産税・法人市民税は府税となり、財政運営の独立性は減退する。また水道・消防など主要サービスは大阪府の事業となるだけでなく、指定都市でないので、区債・補助金・事業認可など、府県経由方式の府認可のもとにおかれる。

身内の大阪市の補填・支援機能は消滅し、大阪府のもとでは、親身になって保護・庇護されず、むしろ仮想富裕団体として、冷遇されかねない。事務事業はふえ、政治・行政責任を背負わされるが、実際の権限は小さく、大阪府と市民の板ばさみにあい、苦痛の日々がつづくであろう。大阪市時代の区政を懐かしんでも、後悔先にたたずである。

第四に、「生活圏と行政圏の不一致の分割自治体」ができ上がる。大阪維新は、大阪市が基礎的自治体として大きすぎると言ってきた。「大きすぎる自治体」を解体すれば、行政サービスが向上するという発想は、大阪市廃止という決定的事実を度外視している。

行政サービスは都市自治体の規模に関わりなく、生活圏と行政区域が合致し、経済・社会構造にふさわしい行政形態が最適である。この経済・生活圏の一体性を分断し、机上の目線で、人工的に行政機関を設置しても、行政サービスは円滑にはいかない。自治体の規模が小さくなれば、よい行政ができるという発想は、幼稚な素人の思い込みに過ぎない。

第五に、「市区連携の崩壊」である。大阪市を廃止すれば、区制の相互調整と専門性補完を実施する絶妙なシステムが見失われてしまう。この現地総合調整機能が破綻すれば、住民サービスの低下にくわえ、府・特別区の紛糾が頻発する。ことに財政調整は特別区の死活問題となるが、現行の大阪市制では、まったくその心配はない。

制度的にみて、東京からみると、「なぜ『県』ナミの大阪（政令）市が都区制度に移行して、みずから『市』以下の特別区に解体・縮小するのかと、東京の市民たちは不思議にみている」(8)といわれている。

「二三区は都に対して、今日も基礎自治体＝市としての自立ができていない・・・・・・市以下の都の《内部団体》、つまり実態は旧東京市の〈出張所〉にちかい」(9)といわれている。

市制の利点は、区のサービス機能と、市の専門・調整機能が連携できた。たとえば地域図書館と中央図書館、保健所と衛生研究所、児童相談所と市こころの健康センターなどの連携行政を円滑にできるメリットがあった。

要するに専門性と現地性が融合した生活サービス・ネットワークは、大都市ならではの絶妙のコンビネーションであった。この行政サービス網を、大阪市廃止は府・区に分断する最悪の選択となる。府・区が連携して対応すればよいといえるが、身内の行政機関相互であれば問題がないが、別の行政機関となると話は別となる。

第六に、「対外交渉力の低下」である。大阪市がもっていた対外的交渉力の喪失である。巨大な一部事務組合が設立されるが、大阪市が存続すれば無用の措置といえる。府との協議が必要となっても、特別区の交渉力は弱い。四特別区統一の陳情となっても、共同歩調がとれるかどうか、また統一ができたとしても、府への陳情が、政令市でないので、立場の弱い陳情となる。

対政府交渉では、府経由方式を口実に、歯牙にもかけられず、門前払いとなる屈辱を味わうであろう。また大阪府へ陳情しても、特別区協議を前提として、分割統治であしらわれ、要求も容易に処理されないであろう。府・特別区関係がこじれると、政令市でないので、補助・区債・事業認可まで波及して、府の実質的支配・統制力は、予想外にきびしい状態になるであろう。

特別区・七つの欠陥

第3課題　大阪都構想のイメージに幻惑されず、大阪市廃止の打撃、公選区長制の特別区の欠陥を十分に認識し、住民投票に向かう必要がある。大阪府と新設特別区の関係をみると、公選区長を抱く特別区であるが、大阪府下の自治体としての特別区と、大阪市下の行政区を比較すれば、自治体としての特別区は、単独の自己責任という、きびしい行財政環境にさらされる。

第一に、「府の監視機能の強化」である。広域大阪府の成立は、大阪市に代わり府が都市行政機能をになう公認のシステムとなるが、本来監督官庁の府県が、都市行政をするのは、官庁の素質からみて無理がある。東京都政をみると、「現在の都庁は、『府県行政』と『市の行政』の二つの機能をもった巨大な行政組織となっている」(10)が、その機能不全は重症である。(11)

この巨大化した組織をスリム化するには、「都庁が県レベルの自治体として、自己の権限及び責任を明確にし、都区制度を廃止することが有効な手段の一つである」(12)が、実現の見込みはない。東京都制は「わが国の地方制度の歴史上、失敗の一つの象徴」(13)といわれる。特別区は、この欠陥システムの支配を補完する役割を押しつけられる。

第二に、「現地総合化の挫折」である。大阪市分割による中核市なみ自治体化には、「大都市地域特別区設置法に基づく法令改正による、明確な位置づけが必要となる。法律では、そのための総務大臣との事前協議も義務づけられている」[14]が、前回の住民投票時も、七六件の法令改正は一件も実現していない。特別区にとって基本的な事項を、府の内部処理のような条例（事務処理特例条例）ですまそうとするのは違法ではないのか。[15]

基本方針として、事務配分は政令市事務だけを検討事項とすべきで、消防など市町村事務を府事務とすれば、特別区行政は総合性を発揮できなくなる。現在の案では、事務・財源配分も、統一方針もない個別対応で、結果として大阪府の意向で、うまみのある事業は大阪府、厄介な事務は特別区になっている。たとえば調査・研究機能は大阪府、現場サービスは特別区となっているが、専門・研究機能の欠落した行政サービスは、現実への対応力を退化させていくのではないか。一部事務組合方式で特別区の機能拡大を図っていくとしても、区政の現地総合性の低下という苦しい選択となる。

第三に、「大阪府による分割統治の強化」である。当時、橋下知事は、大阪市の区に対する強固な統制権の弊害、区行政の形骸化・空洞化を痛烈非難していた。[16]しかし、大阪市廃止・分割になれば、大阪府の支配下にはいるが、弱体化した特別区の補完・拡充機能は欠落したままである。

大阪市政下の区は、何がおこっても最終的に大阪市の責任として、本庁が対応してくれる、運命共同体として安心感がある。しかし、大阪府では災害時に、どれだけ支援してくれるかがわからない不安な状況となる。[17]

問題は災害時に動員できる人数で、特別区は、市税・建築・消防・土木などの職員が、大阪府職員や一部事務組合職員になり、公選区長であっても、動員できる職員数は少なくなる。ことに固定資産税課税職員が大阪府移管となり、災害査定・区税減免などの業務が致命的弱点となる。建設関連職員も府職員で、復興事業査定も職員不足で、他都市の応援職員に頼らざるを得ない体制となる。

第四に、「府責任の形骸化」である。大阪府は、巨大な権限・財源をもった監督官庁になるが、大阪府にとって特別区の位置づけは、所詮はその他市町村とおなじで、大阪市のように運命共同体として、特別区をまもる責任はなくなる。しかも大阪市憎しの歴史的怨念は、そう簡単に払拭されるものでなく、特別区に対する警戒心は根強いであろう。

さらに公選区長となっても、権限・財源なき区長では何もできなく、大阪府へすがる羽目になるが、大阪府にとって好都合なことは、大阪市という単独の自治体でなく、複数の特別区であるので、分割して統治するという支配の鉄則が使える。

第五に、「特別区の完全自治体化の断念」である。東京都の例でいえば、「東

表 II–1　平成 29 年度東京都特別区財政調整状況（単位 千円、人）

区 分	人 口	歳出額	区 税	財政調整交付金	財政力指数
千代田区	61,269	50,774,114	19,084,096	3,763,327	0.88
中央区	156,823	102,456,591	27,712,898	14,516,503	0.69
港区	253,639	174,730,757	76,743,428	3,987,905	1.25
新宿区	342,297	139,072,619	47,814,152	28,166,515	0.66
文京区	217,419	87,001,637	32,878,664	17,085,572	0.66
台東区	196,134	95,355,568	21,478,529	28,889,572	0.46
墨田区	268,898	109,949,313	23,698,396	38,419,901	0.41
江東区	513,197	196,936,202	50,376,892	59,388,382	0.49
品川区	387,622	161,971,680	46,512,211	40,839,924	0.56
目黒区	276,784	89,055,714	44,088,789	12,294,445	0.78
太田区	723,341	245,043,920	73,726,587	70,015,945	0.54
世田谷区	900,107	294,120,127	119,322,180	46,466,442	0.74
渋谷区	224,680	90,943,981	49,887,354	4,216,117	0.96
中野区	328,683	122,084,708	33,775,544	35,495,023	0.51
杉並区	56,4,489	185,236,128	64,305,803	41,527,714	0.63
豊島区	287,111	115,150,373	32,166,538	28,799,124	0.55
北区	348,030	138,539,799	28,784,548	49,653,145	0.40
荒川区	214,644	91,739,511	16,890,444	38,111,856	0.34
板橋区	561,713	207,189,692	45,655,679	66,443,117	0.44
練馬区	728,479	245,494,251	65,813,977	82,667,408	0.47
足立区	685,447	271,292,692	47,924,343	100,404,438	0.36
葛飾区	460,423	192,799,052	33,297,490	74,919,135	0.36
江戸川区	695,366	251,036,007	53,112,429	90,162,567	0.41
合 計	9,396,595	3,657,974,436	1,055,050,991	976,299,046	0.55

資料　東京特別区協議会『特別区政便覧』

京都が、それを認めようとしません。『特別区』が『市』に『格上げ』になることを認めれば、東京都は、再び、今もっている財源と権限の一部を『特別区』に譲り渡さないといけない」(18)からである。大阪府としても利権擁護の意識が働くが、もはや大阪府を脅かす大阪市は存在しない。

第六に、「特別区財政の弱体化」である。その卑近な事例が、交付税の合算方式である。政府にとっても、特別区制度は、地方交付税を増額しなくてすむ、得がたい制度である。平成二九年度の東京都特別区財政調整状況（前ページ、表Ⅱ-1）をみると、普通交付金の不交付団体は財政力一・二五の港区だけである。政府は、港区以外の二二区の基準財政需要額と基準財政収入額との差、約九〇〇〇億円の交付を免れている。東京都の場合は、その差額を富裕な内部税源で調整をしているが、特別区は独立自治体として処遇されていない、きわめて不合理なシステムといえる。

大阪市を「分市方式」で分割したと仮定すれば、地方交付税は、正確な推計はなされていないが、二〇一〇年一〇月、大阪市を九つに「分市」して試算した推計では、中央富裕区は一四六五億円の黒字、あと一つの富裕区は五八五億円の黒字となる。残り七区は一二二一～一二三〇億円の赤字で、合計では一一四六億円の赤字となった。(19)

この試算から、、分市方式であれば交付税は一一四六億円となり、さらに二つの富裕区の超過黒字二〇五〇億円もそのまま残るので、実質三一九六億円の増収となる。二〇一〇年度の大阪市交付税は四八〇億円なので、差引すると、特別区方式ではなく「分市方式」であれば、交付税支給額は実質的には二七一六億円となる。広域大阪府構想で、おなじ分割されるならば、大阪市分市方式であれば、約二七〇〇億円の国庫支援となるので、十分な市民サービスもできるが、広域大阪府方式では、なんら財政的メリットはない。

だが、交付税の合算方式について、政府はもちろん都・府も廃止の意向はない。大阪市のままであれば、行政区は市全体の合算方式で何の問題もない。しかし、特別区は制度上、独立した自治体であるにもかかわらず、特別区単位に交付税を算定しないのは、大袈裟にいえば地方自治権侵害の憲法違反である。(20)

第七に、「府・特別区紛争の頻発」である。大阪府・特別区は、権限・財源をめぐって対立するが、政治・行政的にみて特別区の劣勢は歴然としている。この欠陥を治癒する機能として、大阪府議会が浮上してくるが、残念ながら府議会での特別区の代表者は三割しかいない。

戦前の地方制度にあった、府財政を連帯・市部・郡部経済にわけて、大阪市の利益が不当に府・郡部から侵害されない制度的防禦システムとしての三部経済制もない。特別区設置後、おそらく毎年、繰返されるであろう財政調整の配分比率は、府・特別区協議会の協議事項となるが、特別区の主張は、ほとんど認められないのではないか。

注

(1)
(2)　待場康生議員発言、「特別区設置協定書に対する市会各派の反対論」(二〇一四年一〇月二七日)、大阪の自治を考える研究会『いま一度考えたい 大阪市の廃止・分割』(以下、前掲「大阪市廃止・分割」)(巻末資料Ⅲ)。
(3)　この間の政治的経緯については、別当良博「大阪市で起きていること」(辻山幸宣・岩崎忠編『大都市制度と自治の行方』収録 四五・五四頁参照。
(4)　阪神大震災時における神戸市をみると、災害直後に中央省庁と直接に交渉し、基本戦略を固めると、市民・マスコミの批判を浴びたが、迅速な復興事業の遂行を達成した。株式会社神戸市と揶揄されたが、外郭団体などの内部留保の基金五〇〇〇億円を拠出し、復興事業を支えた。ちなみに復興補助率は五割に過ぎず、東日本大震災の一〇～八割補助に比して、苛酷な地元負担であった。しかし、政令指定都市としての行財政力学を、遺憾なく発揮した。大都市として蓄積された複合経営システムの成果であるが、大阪市廃止で、このシステムを大阪府・特別区・民営化で分割してしまえば、災害救助・復興では稼動しない致命的欠陥となる。

(5)　藤井・前掲「大阪都構想」一一一頁。

(6)　橋下・前掲「体制維新」二二六頁。(7)同前二二〇頁。

(8)(9)　栗原利美著・米倉克良編『東京都区制度の歴史と課題』一二八頁、以下、栗原・前掲「東京都区制度」。

(10)　同前六頁。

(11)　東京都の組織体制の問題に関しては、①局を単位とする全くのタテ割り組織であり、組織全体を調整するトップマネジメント機能が働かないこと。②自治体財務ができない組織になっていること、具体的には都の財産がどれだけあるのか、また本当の赤字の額はいくらなのかといった基本的な事項が誰にもわからなくなっていること、③自治体の政策目標である自治体計画が策定できないこと、④組織が巨大かつ複雑過ぎて、人事管理がいきとどかないなど重大な欠陥がある」（同前六・七頁）と指摘されている。

(12)　同前七頁。(13)同前六頁。

(14)　前掲「大阪市廃止・分割」二九頁。(15)　同前二九・三一頁参照。

(16)　橋下・前掲「体制維新」一六三〜一七六頁参照。

(17)　橋下徹氏は、災害時、公選区長でなければ、災害救助は十分できないといっている。「危機管理、とくに災害時の対応では、基礎的自治体の役割はきわめて重要になります。基礎自治体である市町村は住民のコミュニティを知り尽くしていなければなりません」（同前一七〇頁）と、公選区長の利点を強調し、行政区では本庁指示待ちで人員がすくないと、欠陥が指摘されているが、事実は逆である。阪神大震災の神戸市・区の迅速な対応は、府県経由方式でない利点をフルに活用しており、特別区ではいくら公選区長といっても制度的壁は厚い。

(18)　藤井・前掲「大阪都構想」一〇一頁。

(19)　高寄昇三『虚構・大阪都構想への反論』七七頁参照。以下、高寄・前掲「虚構・大阪都構想」。

(20)　都区財政調整制度について、「地方交付税のようなものと理解されているが、しかし本質はまったく異なる。地方交付税はその原資が国税であり、いわば自治体の外側に財源がある。一方、都区財政調整制度は、本来特別区に歳入されるべき地方税を原資とする。つまり財源は内側にある」（今井照「東京都区制度から考える『大阪都』構想」『市政研究』一六九号三六頁）という違いがある。このような不合理な仕組みは廃止されるべきであるが、東京都は区税の都税化、財政調整による特別区のコントロール機能、また政府は地方交付税財源の節減という魅力があるため、改革意向はない。

2　総合行政機能を発揮できない特別区

広域大阪府の余波で、設置される特別区の権限・財源の実態については、分析がすすんでいないが、大阪市廃止の打撃、分割特別区の欠陥など、行政システムとして致命的ハンディを内包していることは否定できない。

特別区の行政機能が四分五裂

第1課題　特別区は大阪市に代わり総合的行政機関となるはずだが、その行財政能力は貧弱で、しかも分裂され、機能不全化していくだろう。特別区は大阪市がもっていた主要事務事業のうち、衛生・福祉は特別区、消防・水道は大阪府、交通は民営方式と、乱雑に分離・配分され、さらに巨大な一部事務組合が設立される。これでは総合的な行政機能は発揮できない。

第一に、「分区より分市への挑戦」を試みるべきであった。特別区は分割自治体という制度的欠陥から脱皮できない。それならばおなじ分割でも、創造的破壊である分市方式を、なぜ採用しなかったのかである。

分市であれば、自治体としての独立性、そしてステイタスも立派で、地方交付税も独立自治体として算定され、個別に交付される。奇想天外な方式ではなく、政府の合算方式が誤っているのである。東京都・特別区は不交付団体で問題は表面化していないが、大阪府・大阪市は交付団体で合算方式では実害が発生する。政府がどう反応するか、不明であるが、特別区に分割されるならば、せめて財源的メリットが確保されなければ、改革のメリットは皆無といえる。

大阪維新は、政府に対して財政戦争を仕掛けて、特別区設置交付金でも、せしめるべきであった。しかし、大阪市廃止しか眼中になく、特別区の中途半端な独立性は、合算方式といういわれなき差別を招き、試算では年間二一〇〇億円以上の財源喪失となっている。大阪市消滅の犠牲補償として当然の要求といえる。

大阪維新は、体制維新とか抜本的変革とか、大言壮語を吐くが、実際は後ろ向きの改革でしかない。分市方式の創設こそ、まさに起死回生の改革であったが、その発想すらなかった。

大阪維新の特別区方式は、改革効果がほとんどなく、大阪市廃止の打撃を特別区はモロにうけ、生活行政すら満足にできない無策の改革である。奇抜であっても実質的効果のある改革をなすべきである。(1)

第二に、「公選区長はイメージ効果のみである」。公選区長は、強力自治体のイメージが漂うが、大阪市長との比較では、実態は脆弱な特別区が確実視される。結局、「公選の区長・議会をもつ特別区の設置は、一見分権的色合いをもっているように見えるが、全体としてみれば大阪府への権限集中、つまり集権化に資するもの」(2)にすぎなく、府県集権主義の犠牲者として、特別区が位置づけられる。

結果として、権限・財源なき区長は、大阪市分割による対外交渉力の弱体化、重要都市事業の府移管による総合行政能力の低下、府の許認可行政の拘束力、特別区相互調整の機能不全など、特別区の行政能力は、大阪市・二四区による能力と比較して、格段の凋落となる。

第三に、「公選区長は大阪市長廃止の代替措置」である。公選区長といっても、大阪市という司令塔・調整機関の消滅という、途方もない犠牲との交換条件で成立している。公選区長は、大阪市長と交代しただけで、分権自治からみれば後退である。特別区は、制度的には分離・独立した行政団体となったが、生活圏は制度をいくらいじくっても一体であり､さまざまの問題が発生する制度的欠陥は永久に治癒されない。

特別区が一部事務組合を創設して、調整・総合機能を補完しても、特別区と一部事務組合との紛糾、特別区相互の亀裂が生じる。このハンディをどう治癒していくか、特別区は未来永劫に悩まされる宿命を背負うことになる。

改革コスト削減の産物＝マンモス特別区

第２課題　人口七〇万人の巨大特別区で、顔のみえる区政、住民ニーズに即応したサービスができるのか、疑問である。特別区の数・区割をみてみると、第一に、特別区の数は、当初の九区制（平均人口約二九万人）から、五特別区となり、最後には四特別区（平均人口規模六七・五万人）となっている。この背景には、特別区への再編成効果を大きくするため、区費のコスト抑制を最優先し、人口三〇万人という最適規模を断念した。

第一に、特別区数の減少は、行政コストの削減に寄与すると計算上はなるが、市民サービスの観点からすれば、多くの支所設置が避けられず、結果的に行政コスト膨張の潜在的要因となる。

しかも巨大特別区は、市民の区庁舎への訪問コストの上昇となる。それにもかかわらず四区制にこだわったのは、設置コスト増加が、住民投票に大きなマイナス要素となるといった、政治的邪心がはたらいたのではないか。

現状の二四行政区は地域特性・生活利便性から設置されてきた。東京特別区をみても、人口六万人から九〇万人とさまざまである。行政の思惑だけで人口七〇万人前後の均一的四区制を強引に設定したのは、生活利便性のためではなく、あくまで財政格差の調整をねらったためではないか。

第二に、四区方式の配置（図II－1参照）をみると、特別区設置・運営コスト削減のため無理な区割となっている。現行の二四区を一二区制にすれば、旧区役所使用で設置コストは増加せず、市民

図II- 1　四区特別区と特別区本庁舎の位置（案）

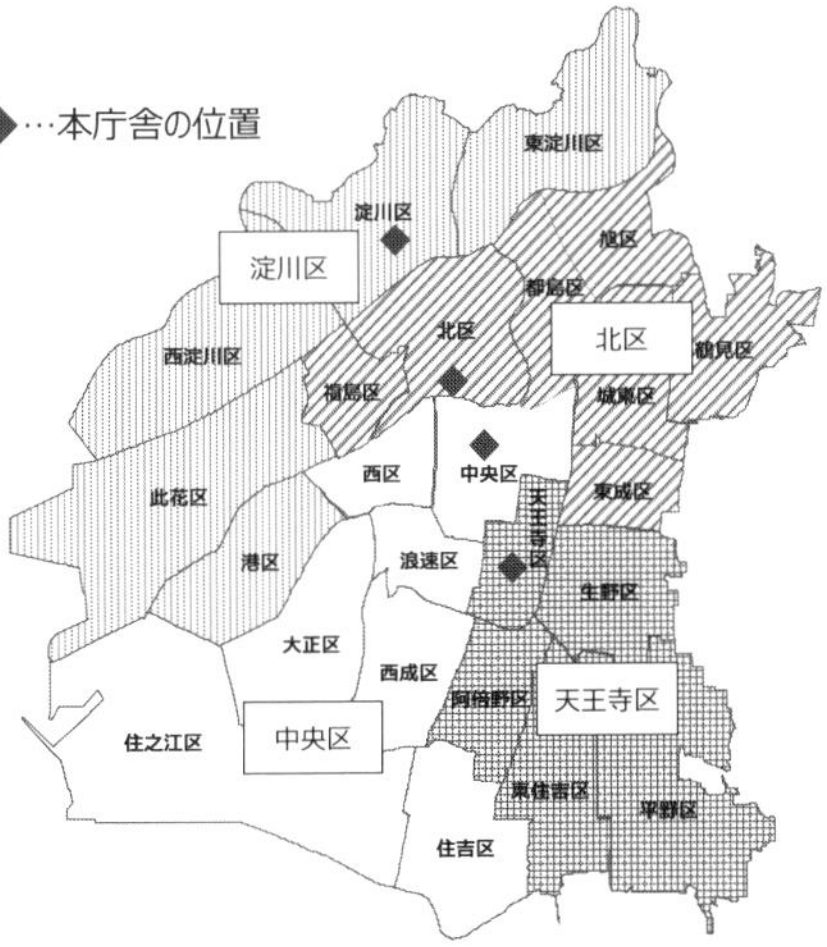

特別区名	本庁舎の位置
淀川区	現淀川区役所
北区	現大阪市本庁舎（中之島庁舎）
中央区	現中央区役所
天王寺区	現天王寺区役所

出典　大阪府HP・大都市制度の検討・取組みについて《特別区制度案》本庁舎の位置、3頁（2020年1月31日）

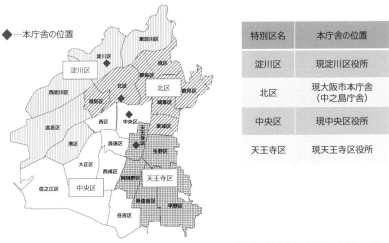

の特別区本庁舎への訪問コストも、ほとんど増加しない。

さらに四区の本庁舎の位置をみると、「人口重心からの距離」「現区役所間公共交通利用所要時間」「他地域からの来訪者数」の点数方式で決定されている。どうみても市民にとって本庁舎への距離はとおく、市民・本庁舎の隔離感はぬぐえない。しかも机上演習的には最適の位置とみなしているが、地理的に本庁舎の位置は偏っており、災害救助などでは、対応が困難となる。

要するに設置・運営コスト削減を最優先として区割を採用した短絡的発想が、身近かな本庁舎でなく、市民への負担・不便を強要する四区制となった。大阪市はなくなり、本庁舎は遠くなり、しかも市民サービスは低下する、まさに踏んだり蹴ったりの状態に、市民が憤慨する姿が目に見えるようである。

基礎自治体優先からほど遠い事務配分

第3課題　特別区は総合的行政のできる、事務事業配分となっているのか、また、それに対応した権限・財源が保障されているのか、検証しなければならない。事務配分の基本原則は、「東京都区の制度にとらわれない大阪独自の分担をめざす」とし、大阪府は「大阪全体の成長、都市の発展、安全安心に関わる事務など実施」、特別区は「市民に身近な事務は、〝基礎自治体優先〟の原則のもと、特別区が実施」となっている。

しかし、このような抽象的スローガンでは、中間のグレイゾーンは大きく、現実は「広域行政の一元化・効率化を最優先に、新大阪府の事務配分が確定され、その残余を特別区、さらに一部事務組合に分けるという発想で組み立てられている」(3)といわれている。

第一に、大都市の事務事業配分（表Ⅱ－２参照）については、基礎自治体として現地総合性から必要な事務事業を処理するというのが、本来の原則である。一九九八年に制定された地方自治法改正は、東京都特別区を対象に、特別区を基礎的な地方公共団体とし、「都道府県と市町村の役割分担の原則に準じて行うこと」とし、一般廃棄物の収集・運搬・処分などは、特別区に移管すべきとしている。

しかし、同時に都などの「行政の一体性及び統一性の確保の観点から一体的処理を必要とする事務を処理する」としている。しかし、都政の一体・統一性とはなにか。建築基準行政でも、都の分担とすれば、都の一体・統一性は確保されるが、特別区の行政総合性はくずれる。逆もまた真であり、要するに府重視か特別区重視かの利害が対立する問題である。

しかし、府重視では特別区はいつまでも内部団体であり、総合行政の役割がになえない。(4)

表Ⅱ-2　大阪府・特別区・一部事務組合の事業区分

区分	事業名	大阪府	特別区	備考
公営企業	交通事業 市水道事業 市病院事業 港湾事業	地下鉄（民営化） 水道 府病院 府港湾事業	— — — —	— — — —
都市整備	土木事業 市再開発	府主要道路・一級河川 大規模開発	生活街路・準用普通河川 —	— —
市民サービス	教育行政 福祉行政 環境事業 消防事業 衛生行政	高等学校・大学 — — 消防 研究所	市小中学校 □健康保険、児童相談所 区ごみ収集、□環境工場 — 保健所	大学統合、市立高校移管 — — — —

注　□一部事務組合

第二に、特別区の事務事業をみると、大阪市の事務二九二三事業（二〇一六年）、大阪府の事業一六六九事業（二〇一五年）のうち、再編成で特別区は二四一二事業、うち大阪市から二四〇四事業、さらに、そのうち一六七事業は共同処理が想定されている。なお大阪府の事業は二〇八九事業で、府継承事業一六六一事業、大阪市からの移管事務四二八事業である。(5)

しかし、事務配分には一貫した政策方針がない。府は広域行政のみか、重要都市経営事業をふくむのか。特別区は純然たる住民サービスのみか、都市行政も負担するのかの選択となる。現在では交通事業は民営化、水道事業は府、保健衛生は特別区、消防は府と首尾一貫した配分でない。

権限・事務配分の基本方針は、規模の利益・専門機能を優先させ、府優遇とするか、現地総合性・市民近接性を重視し、特別区優遇とするかである。しかし、いずれにしても「有機的複合経営体」である大阪市の各事業・施設を府・特別区に分離すれば、そのネットワークはくずれ、連絡・補完機能も機能不全となり、事業・施設の有効利用の低下はさけられない。(6)

第三に、事務事業配分の内容をみると、大阪府は収益性があり、問題のすくない建設関連事業を分担するが、特別区は厄介な生活関連事務をひきうける結果となっている。公営住宅がそうである。公営住宅は東京都では都が引き受けているが、大阪では、厄介で財源的に持ち出しのおおい事務事業を特別区に押しつけている。

大阪府は、経済開発に専念できても、特別区は事務処理方式の複雑さ、財源負担の大きさから、基礎行政サービスの充実を、諦めざるを得ないであろう。施策選択にあたっても、大阪府がになう建設事業は削減・中止など裁量権の余地は大きいが、特別区がもつ生活行政は、削減・抑制はきわめて困難である。

さらに現実的問題として、府管理・一部事務組合・民営化となると、従来、全事業が大阪市所管であったので、住民は区長に陳情できたが、特別区となると、陳情すら区長はうけとれない状況になる。

第四に、教育・防災・消防など、あらゆる分野で、現地総合性の欠落がみられ、区政への市民信頼度は喪失しかねない。特別区には、まちづくりに関連した「用途地域」などの決定権がない。上下水道・都市づくり・消防などは、広域行政より市民サービスの要請が強く、特別区事務とすべきである。

事務配分の基準は、広域行政という曖昧な概念でなく、大阪府でなければ実施できない広域行政に限定すべきで、水道事業などは水源開発は広域事業であるが、水道建設・供給事業は特別区で対応は可能である。交通についても高速道路は広域行政であるが、地下鉄・バス事業は市民サービス事業の性格が濃厚である。

東京都が、消防などの行政をもっているのは、東京市を全面的に吸収して成立した歴史経緯があるからで、大阪・特別区の事務事業配分は、逆に広域行政以外の大阪市事業は、現地総合性からみて、特別区移管を優先させるべきである。

第五に、特別区は、都市計画権限（用途地域）などは与えられておらず、まちづくりへの対応は弱体化している。駅前再開発・土地区画整理・大規模公園・上下水道敷設・道路建設など、生活に密着した事業でも、主要都市整備事業は府事業となっているが、府事業は港湾・高速道路・工業団地建設などに限定されるべきである。

第六に、大阪市民は、特別区人口七〇万人でサービス機能低下という犠牲をはらうわけなので、せめて現地総合性の強化というメリットは享受しなければ納得できない。特別区の総合行政充実の点からも、都市行政の一元化がのぞましい。(7)

少なすぎる特別区の職員

第４課題　職員配置で、特別区職員は旧本庁事務の移管にともなって、大幅増員が予定されるが、実際の増員はきわめて少ない。大阪維新は四区制で一兆円の効果があると宣伝しながら、一方で区庁舎整備三〇〇億円削減だけでなく、職員費・行政費など軒並み節減している。これでは制度がスタートしても、行政運営の停滞はさけられない。

第一に、大阪市市長部局一万三〇〇〇人、うち府へ移管一七〇〇人で、特別区（二〇二五年設置時想定）へ移管が四区で一万九〇〇人、一部事務組合三〇〇人、合計一万一二〇〇人となっている。なお大阪府から特別区への移管は総数で一〇人を想定している。二〇一六年の区職員数は九四四〇人であり、四区移管職員から差引一五〇〇人の増加に過ぎない。固定資産税課税職員三〇〇人の減員があるが、いずれにしろ特別区は、政策企画・財務・総務・地域産業はじめ区議会・各行政委員会などの新たな行政に対応できるのか、疑問である。(8)

第二に、特別区の本庁機能は四つに分割され増加となる。さらに一部事務組合方式が設置されることで、新規需要への対応職員は増加が予想される。ことに福祉など、市民生活に密着した分野の行政ニーズの膨張率は大きく、かなりの職員需要が避けられない。予定されている職員数ではたして対応できるのか、問題は多い。

旧大阪市本庁舎（新北区本庁舎）に三区同居

第5課題　特別区設置コストについては、極力経費抑制のため、旧大阪市本庁舎（新北区本庁舎）に淀川・天王寺区の一部が入居することが決定されたが、問題である。基本的には、第一区（淀川区）は淀川区役所、第二区（北区）大阪市本庁舎、第三区（中央区）は中央区役所、第四区（天王寺区）は天王寺区役所の活用などは妥当といえるが、分散庁舎方式は区政混乱・コスト増加につながる。

第一に、特別区設置コスト削減が重要課題とされ、余裕のある大阪市庁舎の活用として、北区の本庁舎とするだけでなく、狭い区庁舎の淀川区・天王寺区などの一部部局が入る方針となった。区域外に庁舎がある異例の配置となるが、冷静に考えてみれば、建設コストは減少するが、市民のアクセス・特別区の事務連絡負担増が発生し、マクロでみれば、かえってコスト増加となる、外聞を気にした姑息な対応である。(9)

第二に、問題は、机上演習的な想定値より、特別区設置後の運営コストである。東京都特別区と比較して、極端にすくない数値となっているが、現実的感覚で検証しなければならない。

東京特別区二三区の歳出総額は、二〇一七年度は三兆六五八〇億円で、人口九四〇万人一人当り歳出額は三八・九万円である。一方、大阪特別区では、二〇一六年度の歳出総額六四五四億円（人口二七〇万人）で、一人当り歳出二三・九万円と小さい。東京特別区なみとすると、一人当り大阪特別区のサービス水準は、東京特別区の約六割で、東京特別区レベルにするには、大阪特別区の行政費は一兆四五五億円、四〇〇一億円の増加が必要になる。

大阪特別区の事務は、東京都特別区より多く、実質的な行政費格差はさらに拡大するのではないか。今後、住民投票で特別区設置となっても、府・特別区で協議し、決着しなければならない問題が山積しているが、公平かつ円滑に処理されるかが問題である。

第三に、大阪府・特別区の府区協議会の規定は、「協定書案」では、「知事と四人の区長を基本に」、必要に応じて「議会の代表者、長の補助機関である職員、学識経験者等を構成員に加えることができる」と定められているだけである。事務配分も「事務処理特例条例」という役所の内規に等しい行政処理で処理されるが、財政調整・事務事業配分など、重要な案件が府主導で決定される可能性が濃厚である。住民投票で特別区が決まれば、財政調整などで特別区への府知事の締め付けが強化されることは、歴然としている。(10)

注

(1) 大都市「分市」・「分区」論については、砂原康介『大阪―大都市は国家を超えるか』一九五～一九八頁参照、以下、砂原・前掲「大阪」。
(2) 前掲「大阪市の廃止・分割」三九頁。
(3) 前掲「大阪市廃止・特別区設置」三八頁。
(4) 栗原・前掲「東京都区制度」九四・九五頁参照。
(5) 第三一回大都市制度協議会・「副首都・大阪にふさわしい大都市制度・特別区制度（案）」（二〇一九年一二月二九日）「事務分担」一～一六頁参照。
(6) 木村収「大都市地域特別区設置法と大阪府・市再編」『市政研究』一八〇号参照。
(7) 主要都市事業を大阪府か特別区かいずれに配分するか、厄介な問題であるが、七〇万人という均一大規模特別区を創設したのであるから、特別区優先配分がふさわしい。なお東京都が今日でも、多くの都市行政を分担しているのは、歴史的地勢的政治的要因がある。東京都制は、東京市が東京府を統合したのであり、地理的に三多摩地区と旧東京市は、分離されていた。さらに東京府における旧東京市勢力は七割と過半数をしめ、都市経営をする条件がそろっていた。しかし、大阪府では、大阪市が府域の中心にあり、政治・行政比率の大阪市は三割程度に過ぎない。そのため大阪府は、府本来の市町村監督・指導・調整行政比率が高く、都市経営に専念できないのではないか。このような点からも消防・水道・都市整備などの都市行政は、特別区に一元化するのがのぞましい。

(8)　第三一回大都市制度（特別区設置）協議会（二〇一九年一二月二九日）「副首都・大阪にふさわしい大都市制度（特別区素案）」組織―四頁。

(9)　変則配置については、松井市長は「（同じ担当分野の職員間の）情報共有が密になり、機能強化になる」とメリットを強調しているが、区政の実務を理解していない。仮りに課税課が入居すると、課税の現地調査のため、大量の職員が所管区への移動を余儀なくされる。ことに市民は、区役所でなく大阪市庁舎へ行くことになるが、コスト・時間の無駄となり、激怒するであろう。このような事態を憂慮し、「大阪市を残すのが一番」（自民党）、「区長の顔を見たことがない職員もできる」（共産党）などの反対があったが、法定協議会は決定に踏み切っている。「ニアー・イズ・ベスト」という大阪維新の公約は、どこにいったのか、将来が思いやられる。二〇一九年一〇月二五日、朝日新聞参照。

(10)　前掲「大阪市廃止・分割」五七～五九頁。

3　財源配分・財政調整と特別区の貧困化

特別区をめぐる財政システムは、事務事業配分もあり、税源配分・財政調整の問題は複雑化し、法定協議会でも実態は解明されていない。おおくの財政シミュレーションも、大阪市廃止後の適正な推計はできていない。

特別区の財政黒字は机上の推定

第1課題　特別区設置コスト・運営費の長期収支は黒字となっているが、あくまで机上演習的な推定で、現実妥当性に欠ける。特別区設置の財政シミュレーションを、第一四回大都市制度協議会（二〇一八年八月二四日）の「特別区設置における財政シミュレーション」（表Ⅱ-3）でみてみる。(1)

第一に、特別区の財政収支推計は、二〇二二年から一五年間の累計で八三四億円黒字となっている。財政収支推計（表Ⅲ-4参照、一〇一ページ）にみられるように公債費は、使用料などの特定財

表 II-3　特別区設置の財政シミュレーション　　（単位　億円）

年　　次	2022	2023	2024	2025	2026	2027	2028	2029
財政収支 A1	107	125	133	84	89	17	▲ 16	30
改革効果額 B	92	94	103	106	113	116	123	131
組織体制の影響額　C	▲ 21	▲ 21	▲ 21	▲ 22	▲ 22	▲ 23	▲ 18	▲ 13
設置コスト D	▲ 67	▲ 64	▲ 61	▲ 53	▲ 39	▲ 40	▲ 44	▲ 44
計 E1=A1+B+C ＋ D	111	134	154	115	141	70	45	104
年　　次	2030	2031	2032	2033	2034	2035	2036	合 計
財政収支 A1	33	10	36	40	47	48	51	834
改革効果額 B	135	139	137	140	140	139	141	1,849
組織体制の影響額 C	▲ 9	▲ 4	1	5	9	14	18	▲ 127
設置コスト D	▲ 44	▲ 42	▲ 40	▲ 37	▲ 34	▲ 31	▲ 32	▲ 672
計 E1=A1+B+C ＋ D	115	103	134	148	162	170	178	1,884

資料　副首都推進局「特別区設置における財政シミュレーション」（資料 1-1、2018 年 8 月 24 日）財シ 5 頁。

源があり負担が抑制され、収入は市税の伸びなどで補填され、黒字で推移しているからである。

第二に、人件費一二七億円赤字、設置コスト六七二億円赤字となっている。しかし、設置コスト削減のため、先述のように、大阪市本庁舎を三つの特別区で利用することにしたため、六七二億円を最大三一四億円削減が可能と推計している。(2) しかし、こうした変更は、住民の庁舎訪問コスト、行政の事務連絡コスト増で、帳消しとなる、目先の効果をねらった姑息な対応といえる。

第三に、改革効果は特別区設置とは無関係の効果で、地下鉄一〇七八・九八億円（民営化効果）、一般廃棄物収集輸送六九・三〇億円（民間委託）、一般廃棄物消却処理三三・四一億円（民間委託）など、行政経営効果一八四九億円の黒字となっている。特別区収支を黒字にするため、特別区設置に無関係の改革効果を算入して粉飾したといえる。(3)

第四に、従来からこの試算については、「地下鉄の民営化やごみ収集の民営化、はては以降一五～二〇年間の長期間に及ぶ特別区における職員削減の効果額まで目一杯盛り込んだ、あくまでこうあってほしいと願う希望的数値にすぎず、客観的根拠はない」(4)と、その算定手法が批判されている。

もし財政収支が赤字になっても、別途、財政調整基金などの資金を活用して、補塡する余裕があるとされている。しかし、特別区の財源不足は、机上演習のようにはいかず、財政膨張要因は民生費をみれば歴然としており、基金取り崩しは避けられないのではないか。

くわえて、災害などを考えると、「財政調整基金は、急激な歳入減や財務リスク発生に備えた財源として積み立てられるものであり、特別区長のマネジメントによる『財源活用可能額』に含めるべきものではない」(5)と批判されている。

従来から、特別区再編成財政シミュレーションについて、推計方法に問題点があると指摘されていたが、ほとんど修正されず、新規に算定されている。

特別区の自主財源は三分の一に激減

第2課題　大阪市廃止後の特別区財政は、住民投票の最大の懸念案件であるが、一般交付税制度と異質であり、独自の財政措置が複雑にからみあい、将来予測は困難である。しかし、東京特別区との比較で、大阪特別区の財政力は低く、補塡機能が不十分であることは確かである。府・特別区の税源配分（表Ⅱ－4参照）をみると、法人市民税・固定資産税といった基幹的市税が府税となっている。財政調整財源があるので問題はないとみなされているが、現実に課税権の喪失は、行政運営にあってさまざまの障害となる。(6)

大阪市廃止にともなう財源配分の問題は、財政調整もあり複雑であるが、整理・分析しなければならない課題である。

第一に、大阪市税の大阪府・特別区の配分状況（表II－4参照）では、大阪市税など一般財源の総額八四六七億円を、特別区は特別区税・財政調整財源・交付金で六四三六億円、七六・〇%、大阪府は財政調整・交付金合計で二〇三一億円、二四・〇%の配分となる。大阪市財政をひきつぐ特別区の自主財源比率は、大阪市の九四%（市税・交付税比率）から、三六・七%と三分の一に激減する。

第二に、特別区税は、個人市民税などが主で、きわめて貧弱である。税源喪失だけでなく、普遍的基礎税目である固定資産税の喪失は、「特別区税にとって、大きな痛手である。それは住民登録と同様に、地域行政にとって必須の地域データである不動産情報の欠落を意味するから」[7]である。

住民サービスの使用料減免にあって、住民所得税だけでは所得を十分反映しないので、固定資産税で補正するとか、空き家・防災対策では、固定資産税の減免・増税措置を実施するなどの対応策がとれなくなる。戦前の分賦金制度のように、府税を特別区が徴収することがのぞまれる。

さらに災害発生時に固定資産台帳がなければ、罹災証明書など

表 II-4　大阪市税の府区配分状況（2016 年度）

大阪市市税	内　訳		大阪府・特別区財源
目　的　税（大阪府税）	都市計画税 560 億円 事業所税 273 億円	目的税交付金 合計 833 億円 →	大阪府 391 億円（47%） 特別区 441 億円（53%）
大阪府税源（調整税源）	法人市民税 1,224 億円 固定資産税 2,750 億円 地方交付税 690 億円	財政調整財源 合計 4,664 億円（交付税含む） →	府財政調整額 1,031 億円 特別区財政調整額 3,633 億円 （府 22.1%・特別区 77.9%）
特　別　区 自 主 税 源	個人市民税 1,465 億円 市町村たばこ税 301 億円 地方消費税交付金 596 億	特別区自主税源 合計 2,362 億円 →	特別区税等 2,362 億円 （自主財源 36.7%）

資料　第 31 回大都市制度（特別区設置）協議会（2019 年 12 月 26 日）資料「財政調整」財政 14 頁。

の交付ができず、市民も生活再建に大きな支障をきたし、行政トラブルの元となる。固定資産税の税源は府としても、課税事務は特別区としなければならない。

第三に、財政調整財源は、法人市民税・固定資産税などにくわえて、本来の大阪市への地方交付税相当額が財源となる。配分比率は、大阪府二一・一％、特別区七七・九％である。しかし配分比率で、府は広域行政を分担するといっても、現在の大阪市の歳出費目をみると、土木・港湾費は五％前後で、成長力も弱い。しかもサービス行政と異なり、特定財源・国庫補助金・交付税財政需要算入率もめぐまれている。さらに財政が不如意となれば削減できる弾力性のある費目である。そのため調整財源配分をめぐって、府・特別区の紛争は永遠につづくであろう。

第四に、府税となる都市計画税・事業所税も、目的税交付金として、府・特別区で配分されることになっている。二〇一六年度の調整案では、大阪府四七％、特別区五三％である。なお東京都では、都市計画税・事業所税は東京都税として処理し、調整財源でない。

本来、事業所税は、大都市特有の昼間人口などのサービス財源として創設されたのであり、都市計画・道路などの特定財源ではないので、特別区税とすべきである。なお調整財源・交付金合計五四九七億円は、特別区の自主財源二三六二億円の二・三二倍である。

財政調整措置があるとはいえ、本来、大阪市が自主財源として自由に使っていた税源が三分の一に激減する事実は、特別区財政が発足時から虚弱な財政であることを立証している。しかも東京特別区と比較して、一人当り区税収は六割程度であり、満足な行政ができるはずがないであろう。

第五に、調整財源の配分比率は、東京都・特別区では都四五％、特別区五五％であるが、大阪府では、事務事業配分の比率にあわせ、一応、二〇一六年の調整案では府二二・一％、特別区七七・九％となっているが、特別区の状況が落ち着くまでは、配分比率は安定化しないであろう。

東京・大阪特別区の財政力格差は二倍

第３課題　財政調整財源の実態に関してである。大阪府・市とも地方交付税の交付団体であり、制度変更で府・特別区合体方式となっても、ともに貧困団体のため、財政支援はできない。東京都・特別区の場合は、ともに富裕団体で基準財政需要額にみあった財政措置ができるのと、大きな違いである。

第一に、問題は大阪府・大阪市とも地方交付税に依存する団体であり、当然、特別区も貧困団体である。このような貧困団体が合体して、東京都なみの財政調整交付金が支給できるかどうかである。

二〇一六年度の決算ベースで試算された「特別区財政調整状況（表Ⅱ－５参照）」では、大阪府特別区財政調整財源は三一八六億円、区税一七八二億円で、調整財源は区税の一・七八倍である。調整財源が区税に対して大きいのは、特別区の事務事業が多く、配分比率も七八％と大きいからである。一方、東京特別区は、建設関連事務以外の事務事業配

表 II-5　特別区財政調整状況（2016 年度決算ベースによる試算）（単位 千円、人）

区分	人口A	歳出額B	B／A	区税C	財政調整交付金D	D／C
淀川区	595,912	139,576,452	234.2	35,263,934	71,426,196	2.03
北区	749,303	166,939,802	222.8	54,498,172	72,453,249	1.33
中央区	709,516	185,145,707	260.9	48,015,341	93,233,383	1.92
天王寺区	636,454	155,615,745	244.5	40,390,303	81,493,358	2.02
合　計	2,691,185	647,277,706	239.8	178,167,750	318,606,186	1.79

資料　第 31 回大都市制度協議会（2019 年 12 月 26 日）「特別区制度（案）」「財政調整」33 頁。

分も少ないので五五％と低いことを考えると、大阪特別区の実質的財政調整率は高くなる。

第二に、府・区の配分比率がほぼ固定され、特別区の安定財源となるのかである。大阪府が大規模開発プロジェクトを実施しても、「成長の果実のほかに、必要に応じて府税も活用して対応」(8)して、配分率の変更はするべきでないとされている。しかし、問題は特別区の民政費膨張のような、一般的経費膨張にどう対応するかである。

第三に、東京特別区の財政調整と比較してみると、大阪特別区の財政力の脆弱性がわかる。一人当り区税は、東京特別区一一・二万円、大阪特別区六・六万円で、四・六万円の差がある。財政調整交付金は、東京特別区一〇・四万円、大阪特別区一一・八万円で、大阪特別区が一・四万円で、大阪が大きい。区税・交付金合計は東京特別区二一・八万円、大阪特別区一八・四万円で、三・四万円の差がある。しかし、財政調整比率は、東京特別区五五％、大阪特別区七八％で、特別区の事務事業配分比率とみなすと、約四割程度の補正となる。実質的交付金水準は、歳出額は東京特別区三兆六五八〇億円、人口九四〇万人、一人当り三八・九万円。一方、大阪特別区二三・九万円で、六二・八％の差、事務事業比率四割で補正すると、東京特別区三八・九万円を一・四倍すると五四・五万円で、大阪特別区二三・九万円の二・二八倍となる。東京特別区と大阪特別区との比較で、区税約一・七倍、交付金で約一・二五倍、財政調整後でも約一・二倍、歳出で約二倍強の財政力格差がある。

難航する債権・債務の配分

第４課題　債権・債務の大阪府・特別区への振り分けについてである。まず大阪市廃止で財産が大阪市から大阪府・特別区へ移管されるが、第31回大都市制度（特別区設置）協議会（二〇一九年一二月二六日）の「特別区制度（案）」によると、つぎのようになっている。

第一に、「大阪市の財産は、その性格を踏まえて、財産の所在する特別区への承継を基本とし、大阪府への承継は、事務分担（案）により承継が必要となるものに限定」(9)と、方針は一応定められている。大阪市の財産については、「市民が長い歴史の中で築き上げてきた貴重なもの」であり、「財産は、必要な住民サービスを支え、生み出す基盤として、適切に継承していく必要がある」とされている。

第二に、総額一〇兆七八一二億円で、大阪府・特別区配分（表Ⅱ-6参照）は、特別区七兆四八〇九億円、大阪府三兆三〇〇三億円となっている。しかし、財産の大半は、行政財産で処理可能な普通財産はすくない。むしろ都市開発事業の赤字発生が予想される。

第三に、基金については、大阪市財政調整基金（一六一八億円）のうち、偶発債務の引当財源として三二一億円、公債償還基金四六三〇億円は大阪府とする。公債基金は公債全額を大阪府償還責務としたからである。

第四に、株式のうち関西電力株は、交通局保有分以外は特別区保有となる。関西電力株（時価約一七〇〇億円）は、東京都の場合、東京市保有の東京電力株（時価九〇〇億円）は、東京都に移管されているが、大阪は特別区への移管の方針である。しかし、最終的決定まで油断はできない。戦前、大阪市は大阪電燈会社を買収したが、財源は起債（市税）のため、市民の負担であり、市民還元が当然であるが、災害基金とか財政調整基金とかにしておく必要がある。

第五に、問題の地下鉄民営化の株式である。すでに民営化されており、全株式は大阪市保有となっている。しかし、株式全額の一兆三四四四億円は市交通政策基金として留保されている。現在の方針では、特別区への承継となっているが、その処分をどうするかは決定されていない。

第六に、行政財産は、それぞれの事務事業配分におうじて配分されるが、問題は普通財産である。近年、大阪市財政は収支不足の補填策として、不用地の売却をすすめており、売却用地は減少しつつある。一方、大阪府・市ともに巨額の公債残高をかかえており、公債費削減が急務であるが、容易に減少をみていない。

特別区にとって、発足後一〇年程度は赤字が予想され、補填財源は重要な課題である。そのため「普通財産について、その大部分を特別区共同で管理・活用し（管理主体は一部事務組合）、その売却益を各特別区へ人口割で配分する」(10)となっているが、売却用地が減少すれば、財政運営安定化の処方箋は崩れる。

第七に、公営企業の黒字など、外郭団体の収益もふくめて、大阪府が自己財源として流用しかねない。高速鉄道事業（二〇〇九年度黒字

表 II-6　大阪市財産・資金等の府・特別区への移管状況（単位　億円、％）

区　分	大 阪 府	特 別 区	合　計
土地・建物・工作物	23,152（25.1）	70,797（74.9）	93,949（100.0）
物　品	865（85.6）	146（14.4）	1,011（100.0）
株式・出資	3,196（72.0）	1,244（28.0）	4,440（100.0）
債　権	805（55.0）	658（45.0）	1,463（100.0）
基金・現金	4,984（71.7）	1,964（28.3）	6,948（100.0）
合　計	33,003（30.6）	74,809（69.4）	107,812（100.0）

資料　第 31 回大都市制度（特別区設置）協議会「副首都・大阪にふさわしい大都市制度（特別区制度（案））」（2019 年 12 月 26 日）財産 26 頁。

四〇七億円）、水道事業（二〇〇九年度黒字三二一億円）などである。地下鉄は平松市長時代に累積赤字を解消し、その収益で通学定期値下げなどで市民還元を実施していた。高度成長期の先行投資による、市債返済負担が軽くなってきたからでもある。

第八に、主要公共施設である。中央図書館・中央体育館などである。これの施設の赤字・黒字をどうするか。収益事業は少ない、特別区は不利ではないか。

第九の課題として、債務の継承で大阪市債（表II－7参照）の処理については、一つに、二〇一六年度末市債残高二兆九三六七億円を事務配分に応じて配分すると、特別区二兆一一四五億円（七二％）、大阪府八二二二億円（二八％）となる。

二つに、特別区が予想外に多いのは、都市基盤整備債のうち住宅二一一九億円が特別区負担となったからである。一〇年償還とすると、特別区の元利償還額は平均二〇〇〇億円をこえる。

三つに、都市開発などで、今後、債務が発生する可能性がある偶発債務（阿倍野再開発事業・湊町開発センター・アジア太平洋トレードセンター・クリスタ長堀など）については、事務分担（案）に対応して承継すべきものを除き、大阪府で一元化して管理するとされている。(11)

表 II-7　大阪市債の移管状況（2016 年度末残高）（単位　億円）

区　分	全体	府	特別区	区　分	全体	府	特別区
都市づくり	14,565	6,457	8,108	こども・老人・生活福祉	440	—	440
教育	1,207	149	1,058	住民生活・自治体運営	325	—	325
消防・防災	296	217	80	小　計	18,840	8,222	10,618
産業・市場	1,082	816	266	臨時対策・減収補填債	10,527	—	10,527
健康保健環境	925	584	341	合　計	29,367	8,222	21,145

出典　第 31 回大都市制度協議会（2019 年 12 月 26 日）「特別区制度（案）」財政調整 20 頁。

注

(1) 「財政シミュレーション」は四つの推計があり、まず「総合区設置」試算で、大阪市存続のままで七区分割の試算で、ケース1は、市税増収分は交付税に一〇〇%反映し減少とする。ケース2は、市税増収分は、七五%が交付税減収となるが、二五%は収支に寄与する推計である。第二に、「特別区設置」試算で、大阪市廃止で四区分割の試算で、それぞれケース1、ケース2がある。表Ⅱ-3の試算は、特別区設置・ケース2で、もともと現在の特別区分割の実態にちかい推計である。副首都推進局「総合区設置における財政シミュレーション」(資料1-1)五頁参照。

(2) 二〇一九・一〇・一一、朝日新聞。

(3) 地下鉄民営化の効果二一七〇億円で、財政シミュレーションには一〇七八億円が算入されているが、民営化効果がどうして特別区と関係あるのかである。民営化によって、会社の固定資産及び株式配当収入があげれている。市税・配当金は公営では収益金として内部留保されるが、民営化したため益金となり大半は国税・府税となり、市財政ベースでは大きな損失となる。

(4) 前掲「大阪市の廃止・分割」三七頁。

(5) 大都市制度協議会委員・川嶋広稔「特別区素案の問題点及び修正提案について」(二〇一九年九月一二日)一一頁。

(6) 大阪府・特別区の財政配分については、第二一回大都市制度(特別区設置)協議会(二〇一九年一二月二六日)特別区制度(案)「財政調整」参照。

(7) 高寄・前掲「虚構・大阪都構想」六九頁。

(8) 「大規模プロジェクトに係る財政的な影響について」(二〇一八年四月六日・特別区設置協議会・資料三)二頁。

(9) 大都市制度協議会「副首都・大阪にふさわしい大都市制度(特別区制度(案)」(二〇一九年一二月二九日)財産九頁。

(10) 前掲「大阪市廃止・特別区設置」七〇頁。
(11) 前掲・「副首都・大阪（特別区制度（案）」（財産）八頁参照。

III　大阪維新の改革戦略の誤算

1　経済振興はインフラ整備より新産業創出

大阪維新が大阪市廃止を目論む口実は、広域大阪府による経済開発である。この改革によってかつて橋下元府知事は、大阪がロンドン・上海に勝つために「産業政策、それから高速道路、港湾、空港、地下鉄などの広域プラン、広域の都市計画は、大阪都がしっかりやって都市間競争に打ち勝っていくつもりです」(1)と、所信をのべていた。しかし、大阪府・市一体化でインフラ整備をしても、経済振興が成功するはずがない。

都市基盤整備だけでは経済復権は不可能

第1課題　大阪都構想の目的は、大阪市廃止による経済振興策の府一元化であるが、制度をいじくっても経済が浮上するものでなく、むしろ都市経営戦略のセンスの問題である。 大阪の都市戦略の歴史をみると、戦前から東京に対する劣勢は覆すことができなかった。

戦後も高度成長期の波に乗って成長したが、地域政策の成果というより、全国的高度成長の恩恵によるもので、インフラ整備拡充という一般的施策に終始した。そのため万博がピークで、その後、東京との経済格差はひろがっていった。

第一の論点として、大阪経済戦略の系譜（表III－1参照）をみると、公共デベロッパー方式による、企業誘致型が主流であった。以下、大阪の経済振興策の歴史を概観してみる。

第一に、大阪経済復活の戦略は、戦前からのインフラ整備の継承で、大阪経済の産業構造は製造業中心で、新産業創出は東京に見劣りがした。大阪市は戦前、大正一四（一九二五）年の大合併以降、市域拡大は阻止された。

また制度的にも昭和三一（一九五六）年の政令指定都市で、拡充は終止符をうたれた。結局、大阪市は都心再開発・臨海部開発へと傾斜していった。

第二に、大阪府・市、大阪経済界も、東京一極集中のメカニズムへの対応策を誤った。二眼レフ論による日本列島二極化を想定したが、東京の集積メカニズムへの過小評価、大阪経済成長力の過大評価であった。

そのため対応策は、地元産業の育成・新産業の創出でなく、インフラ整備拡充・イベント行政であった。ただインフラ整備は、企業成長の牽引力として錯覚されたが、実際は企業の技術革新による、経済膨張の受け皿となっただけである。

第三に、高度成長期、開発事業は地価上昇・税収増加といったメカニズムにめぐまれたため、府・市ともに暴走した。

表III－1　都市振興施策と開発戦略

区　分	基本的目標	事業方式	振興課題
高度成長期	企業誘致戦略	公共デベロッパー	生産所得増大
安定成長期	地域産業振興策	第三セクター方式	高付加価値化
不況低迷期	新産業創出策	産官民連携システム	知的価値創造

第四に、結果として都市基盤整備事業や臨海工業地帯造成への過剰投資となり、かずかずの開発プロジェクトの赤字をもたらした。これら開発戦略の失敗は、兵庫県・神戸市、新産業都市の県・市でもみられたが、この問題を橋下徹氏は首長の施策失敗でなく、府・市という二元的施策決定システムの欠陥として、大阪市廃止による大阪都構想への起爆剤とした。

第五に、高度成長期がすぎても、インフラ整備型を修正せず、複合的産業振興型への転換がおくれた。戦略的には文化産業振興が手っ取り早い戦略で、神戸は一九八〇年代に文化産業都市への軌道修正を実施している。

大阪府は大阪経済の衰退に危機感を感じたので、二〇一〇年に『大阪の成長戦略』を策定する。成長戦略を高付加価値を創出する成長エンジンとして、「ハイエンド都市」（価値創造都市）、「中継都市」（アジアと日本各地の結節点）をめざす複合都市への転換の兆しがあった。そのため五つの源泉（集客力、人材力、産業・技術力、物流人流インフラ、都市の再生）の拡充によって、都市間競争力強化を施策的に支援するとした。しかし、橋下知事の登場によって、公共投資による万博と総合型リゾートに変更し、その実現のため「大都市圏制度の限界」が阻害要素とされ、大阪市廃止構想となった。

第二の論点として、高度成長以後、大阪経済の衰退は顕在化していき、経済振興策が切実な課題となった。しかし、大阪経済復権の決め手はなく、大阪府・市でも焦りと手詰まり感がひろがっていったが、経済低迷の原因は構造的なものであった。

大阪経済振興策をみてみると、戦前、大阪市は昭和一〇年代、生産機能まで東京に追い抜かれ、水の都を煙の都にしてまで頑張ったがだめであった。戦後も大阪経済は高度成長期には膨張したが、大阪経済は低迷の一途をたどった。

第一に、橋下徹氏は、経済低迷の原因については、「大阪という大都市を基礎自治体の大阪市が運営したため、全国的視野も国際的交わりも持たなかったのです。・・・世界の文明が展開する大事な時期に、きわめて内向きな政治に終始し、国際的な時代の潮流に乗り遅れた」(2)からだとみなした。

しかし、このような非難は、府の広域行政の怠慢を棚上げして、府政の失政を大阪市に濡れ衣を着せる言動である。大阪市は港湾開発・地下鉄整備と、大都市圏の中枢都市として都市基盤整備を十分にはたしてきた。

広域経済圏振興は府の責任であり、そのための権限・財源を付与されており、大阪市と同様の開発事業でなく、知的産業の育成・誘致策を展開すべきであった。むしろ経済グローバル化におくれた責任は、大阪府がはるかに大きい。

第二に、「行政体制を変革しても経済は成長しない」。橋下徹氏は、世界の都市間競争に勝つには、「大阪府庁も大阪市役所も解体して、あらたな大阪都庁」(3)とすると、意気込んでいた。

さらに「古い体制を打破し、新しい体制をつくる尖兵となる」とし、政権交代とか政策変更ではなく「その基にある仕組み＝体制（システム）を変えなければならない」(4)と主張した。

しかし、おなじ体制である横浜・名古屋・京都・福岡市などの政令都市は、衰退の兆しはみられない。問題の核心は、行政体制の変革でなく、国土構造の立地条件であり、都市産業構造の相違が都市間の格差となっている。

第三に、「イベントの経済効果は一過性に過ぎない」。大阪維新の経済復権戦略の目標は、万博・カジノであり、実現手法は大阪市廃止による公共投資の集約化であるが、東京一極集中への対抗策として効果はない。総合リゾートＩＲをみても、新産業創出への貢献度はなく、財政的メリットも交付税調整で小さい。なによりも、このような蜃気楼のようなビジョンに未来を託するのは、政策貧困を実証するものである。

第四に、「府県集権主義で経済再生は不可能」である。府市合体までして、大阪府で何をするのか。万博・カジノ・大規模公共投資なら、大阪市廃止をしなくても、大阪府単独で十分にこなせるプロジェクトである。(5)

「ONE 大阪」で、大阪市廃止・府市合体→インフラ整備→経済復権という図式は誤謬の戦略である。しかも大阪がロンドン・上海と競争できる経済再生ビジョンは提示されていない。インフラ整備と関係なく、横浜・名古屋は成長しており、インフラ整備で成長というのは、高度成長時代の戦略の焼き直しにすぎない。

第五に、したがって「低成長期の振興策は、インフラ型ではない」。しかし、橋下徹氏の大阪都構想に市民も企業も飛びついた。ムードだけでも明るくなるといった、無邪気な対応であった。政策的にはむしろビッグプロジェクトの開発事業の破綻で、さらなる経済低迷、財政悪化に見舞われる可能性はきわめて大きい。

たが大阪市民は、正攻法の経済振興策より、万博・カジノという手っ取り早いイベント・ギャンブルによる経済浮上策に期待をふくらませて、政治的には大阪維新の評価を決定的とした。

大阪経済再生のポイント

第2課題　大阪経済復権の政策ポイントをみる。体制（制度）やインフラの問題ではなく、大阪経済復興の政策のあり方そのものの問題である。広域大阪府による上からの開発ではなく、大阪府内すべての企業・市民・自治体の参加による、新産業の創出が重要で、政策戦略のポイントは内発的開発にある。要するに地方制度の体制でなく、経済振興の政策選択の問題である。さらに根本的には、企業の技術開発・企業化へのインセンティブの問題で、公共セクターはこのような企業意欲へのサポートが役割である。

第一に、「制度の問題でなく、政策選択のレベルの問題」である。大都市経済振興策をみると、京都市の文化産業都市戦略は、明治以来の政策で、今日でも観光・教育、そしてハイテク産業などで安定成長をとげている。

一方、神戸市は産業都市であったので、経済凋落は深刻であったが、高度成長期に生活産業都市への転換をめざした。ポートアイランドもコンビナートでなく、海上都市として業務・住宅立地をすすめた。大阪の都市ビジョンは転換がおくれ、開発事業の経営ミスも目立った。しかし、橋下元府知事は、なぜか大阪府・市不一致の制度が原因として、大阪市廃止に執念をもやした。

行政制度変革より重要なのは都市経営のセンスである。公共投資にあっても、基盤整備だけでなく、公共投資を地域経済の活性化に、どう連動させるかの戦略の問題である。大阪府・市合体で、いかに権限・

財源を大阪府に集中させても、経営戦略そのものがお粗末であればどうにもならない。

第二に、戦略的にみても、「広域一元化でハードのインフラ整備よりも、ソフト（新産業・地域雇用・知識教育・都市魅力）の涵養である」。

インフラ整備型の開発では、公共セクターの体力、すなわち財政力の消耗がはげしく、成功しても副作用があり、本来の都市経済力培養の余力がなくなる。振興戦略からいえば、インフラ整備より、財政支出が少ない人材育成・起業システム支援などのソフトな施策がすぐれている。

第三に、「地域経済の企業創出力がポイントである」。大阪の歴史をみても、明治期、インフラ整備により企業集積をみたのでなく、企業集積後にインフラ整備がなされている。その背景には五代友厚などの、起業化意欲の培養があった。(6)

大阪経済衰退の原因は、体制（制度）でなく、制度を運用する発想・ビジョン・ノウハウの問題である。大阪はプライドが高く、自己の求心力を過信し、都市産業の育成を怠り、インフラ整備に深入りしてしまった。そのため求心力も近畿圏にとどまってしまった。

第四に、「地域経済エネルギーの結集」である。東京は経済集積メカニズムが強力で、特に経済振興の必要はなく、その駆動力は国家と大企業の集積にある。

しかし、首都圏以外では集積力はよわく、都市自治体は、ベンチャー企業などの起業化精神をもった企業群をどう育成していくのか、人材育成・資金支援・情報提供・ノウハウが求められている。稚拙な経済感覚しかない、行政リーダーのもとではどうにもならない。

極論すれば、行政主導型の「ONE 大阪」などは、どうでもいいといえる。大阪経済の復権は、一人のリーダシップでなく、多数の市民による起業力涵養が先決で、インフラでは経済活性化の誘因とはなり

えない。(7)

第五に、「大阪市中枢機能の再評価」である。大阪都構想は「大阪市という政令指定都市を解体することによって、都市間競争に勝ち抜くための『エンジン』を失い、大阪の地盤沈下はますます決定的になる」(8)であろう。

経済戦略からみても、「関西にとっては極めて貴重な『大阪の中心核』・・・・が衰弱し、それを通じて大阪、ひいては関西の『地盤沈下』が遅かれ早かれ決定的となってしまう」(9)と危惧されている。大阪は、自力で大阪経済圏の求心力を強化しなければならない。交通インフラなども、即効的効果があるが、大阪経済の求心力が衰退すれば、逆にストロー現象で減退する。都市景観・技術力・情報発信力などの、都市力の蓄積が問われる。

第六に、「都市文化産業振興策の推進」である。たしかに大阪府市とも産業基盤整備・海面埋立・ニュータウンなどに傾斜しすぎた。京都の文化産業都市振興策をみならうべきであった。神戸はこの時期、重厚長大産業都市から生活産業都市への展開をめざし、ファッション・グルメ・観光・コンベンション都市への軌道修正をすすめていった。大阪維新は性懲りもなく、公共投資先行型の経済振興のため、大阪市まで抹殺しようとしている。

田原総一郎氏は、「一番大事なのは、都構想というより、大阪をどう活性化するのか、です。東京一極集中や中央集権の問題を超えるようなビジョンを描かないといけない。大きな会社の本社はほとんどみんな東京に行ってしまったなかで、いかに大阪の地元の企業を活性化させるか。それをどう実現するのか」(10)だという。もっともである。

大阪にふさわしい戦略プランとは

第3課題　大阪経済再生には、インフラ整備より新産業開発をめざす、内発的開発（表III－2参照）**が不可欠である。**具体的にその経済戦略は、インフラ整備はほとんど不要で、資金・情報・技術・人材の活用で、戦略としては地域資源活用であり、まず地域経済の充実を地域連携システムで図っていき、新産業創設へと結実させる処方箋である。

第一に、「内発的開発による新産業創出」である。具体的には、情報産業の新システム、医療産業の新薬開発、観光産業の新文化創出などである。

公共投資型のプロジェクト、万博・カジノといったイベントでなく、ソフト中心の知識・情報・都市魅力といった、都市の持続的成長力の涵養である。インフラで産業開発を誘導させる発想では、都市間競争には勝てない。

第二に、「地域経済資源活用のシステム創設」である。大阪経済の発展には、大阪市廃止といった制度改革でなく、経済復権への政策ビジョンの選択で、その核は内発的開発である。(11)日本経済の成長率は、先進国では最低で、原因はインフラの未整備でなく、新技術開発によるベンチャー企業の創設がすくないからである。政府の経済振興策でも基盤整備重視で、技術開発・人材育成・システム改革は弱い。大阪維新の経済振興ビジョンは、政策的発想が根本的に誤っている。(12)

第三に、「東京一極集中への対応策は、地域経済の構造改革」しかない。大阪経済の低迷は、首都集積

表 III-2　外部依存・内発的開発の都市振興システム

区　　分	外部依存の都市開発	内発的開発の都市振興
政策理念	経済優先・開発投資主導型	生活優先・知識産業育成型
政策目標	都市整備拡充・都市経済振興	地域循環経済・地域資源活用
経営戦略	公共投資先導・経営プロジェクト	新産業創出・都市魅力創造
実施システム	投資誘導策・資金奨励策	連携ネットワーク・複合経営

資料　高寄昇三『近代日本都市経営史上巻』61 頁

メカニズムの影響であり、地方自治体がどのようにもがいても、逆転できるものではない。むしろいつまでも東京都市圏と競う夢を追い求め、大阪にふさわしい経済戦略の策定・実施を怠ってきた経済界・府・市に責任がある。

高度成長期、大阪は東京・大阪二眼レフ論を展開して、東京に対抗する大都市圏をめざしたが、経済格差はますます拡大していった。その夢を大阪維新はいまも追い求めている。この地勢的地域構造の集積メカニズムの逆転は、不可能である。

第四に、「都市総合的競争力・魅力の培養である」。高度の技術開発には大学との連携、有能な人材の定住には都市環境整備など、多彩な対応がもとめられる。大阪経済力の衰退は、じつは本社・研究・工場の東京への流出がおおきな原因である。

大阪の産業政策は、吸引力不足で地元企業の流出を食い止められなかった。武田薬品の研究所・工場が神奈川県に移転したが、研究都市としての蓄積が乏しく、都市として情報・人材の蓄積も不十分であった。

企業の外部流出原因は、都市の魅力としての要素欠乏にある。これからの都市振興は、地元企業の育成につとめるだけでなく、都市の品格を高め、東京の模倣でない、都市の魅力創出である。

第五に、「インフラよりソフトの対策である」。大阪の下町でも、ＡＩで新技術開発はできる。画期的発明があれば、新産業の集積がみられる。人材育成と研究資金の問題があるが、自治体がミニ産業創造機構を設置し、産官学連携で対応すればよい。しかし、技術開発もインフラに財源を消耗してしまえば、資金もなくなりなにもできない。

大阪維新は、地域経済振興策の基本的戦略を見誤っている。地域振興策には、内発的開発と外部依存開発があるが、内発的開発が未成熟では、外部依存開発の成功メリットも小さい。(13)

第六に、「地域資源（技術・人材・情報・景観など）の活用」である。地域企業の起業化が成功すれば、グローバル企業へと成長していく可能性も広がる。内発的開発で、かりに大阪アニメを下町に創設するのは、民間の起業化精神で十分である。内発的開発は、公共投資先導型の開発戦略とは異質である。

地域循環経済の形成、地域経済資源の融合によって、地域経済力を培養し、外部経済の誘致につなげていく、地域経済力の自律環境システムが重要になる。地域企業の蓄積がなければ、安易な外部依存となり、地域経済の長期成長は、軌道に乗らないからである。

典型的事業が自然エネルギー事業である。地元の森林廃材・休耕田を活用し、発電事業を創設し、地元で電気を利用すれば、地域循環経済となる。市民出資の発電、発電と特産物栽培、発電と技術改良、発電収益による地域交通再生など、地域資源の融合化によって、地域経済力を強化していく。補助金依存型でなく、市民参加型の地域再生策である。いま大都市に求められのは、地域循環型・地域融合型の大都市版の普及である。(14)

第七に、「大都市版地域創生策の実践である」。内発的開発は、地域独自の産業開発で、経済集積力を培養し、地域経済は活性化する。卑近な事例で、京都の文化産業は世界に通用する観光産業があるが、ひろい意味の知識・教育産業でもって、知識開発・情報発信の企業競争力がある。京都の成功は、地勢的条件もあるが、素材産業開発によって都市の品格をそこなう愚策を導入しなかったからである。

この点、素材産業主導型経済の神戸経済は苦しい。ポートアイランドに医療産業都市を形成しつつあるが、企業集積は目標に達していない。資金投入も阪神大震災復興で、自主財源一兆円を投入し、基盤整備事業で経済振興策がままならなかった。ただコンテナー埠頭が撤退したポートアイランドには、五つの大学が進出し、教育産業が海上都市をささえている。

大阪も道頓堀の都市景観が魅力ある観光資源となったが、どう付加価値をつけていくか、実効性のある施策が求められる。「ONE 大阪」でなくとも、内発的開発による地域産業は、下町でも地域経済をささえ、地域経済成長の牽引車になれるのである。

第八に、「地域連携システムの構築」である。新産業開発としての内発的開発を、自治体がどのようなシステムで、医療・教育・観光・情報・福祉都市構想へ結実させられるかである。産学官の連携だけでなく、地域の中小企業・無名のベンチャー企業も参加し、起業化へどう連動させられるかは、それぞれの自治体の経済振興策である。(15)

必要な施策は、人材育成・企業戦略システムである。これらの内発的開発にあっては、公共セクターとして「ONE 大阪」で強権を発動する余地はない。むしろ自治体経済政策の再編成である。過疎地の地域再生をみると、地域経済資源の活用という内発的開発が主流である。大都市でも、地域主義をかかげた逆転の発想での地域創生である。(16)

第九に、「大都市圏経済成長は経済構造・戦略の改革」である。都市圏成長は、中心都市の吸引力・遠心力を活用するしかない。「大阪市を分割すれば、経済成長力の求心力を殺ぎ、経済効果を拡散させる、遠心力を減退させる、史上最悪の選択」(17)となる。

大都市圏広域行政ではなく、大阪府は広域レベル、大都市は大都市レベル、衛星都市は地域レベルで新企業創造を模索する。政府は原発促進で泥沼にはまり、福島の悲劇を生んだが、大都市圏の火力発電依存も危険要素である。自然エネルギー先進地区としての公費注入を、各自治体が連携して実施すれば、実効性のある経済戦略となる。

戦後日本の地域開発は、外部依存型の工場・企業誘致であった。しかし、工場誘致などの外部依存型は、経済構造・環境変化への対応力に欠け、都市の持続的発展の牽引力とはなりえない。まず内発的開発（表III－2参照）によって地域経済を涵養し、吸引力を涵養したうえで、より大きな成長のため外部依存開発を採用する。そして将来的には外部誘致産業と内発的開発産業が融合するのが理想である。

注

(1) 橋下・前掲「体制維新」二四六頁。

(2) 橋下・前掲「体制維新」二六頁。(3)同前三〇頁。(4)六頁。

(5) 桜田照雄「カジノ誘致で地域経済は再生するのか？」『市政研究』二〇一号参照。

(6) 高寄昇三『近代日本都市経営史上巻』八二～八六頁参照、以下、高寄・前掲「都市経営史上」。

(7) 朝日新聞連載「けいざい＋」「フロントランナー」などは、日本だけでなく世界の地域再生起業をとりあげているが、二〇一九年一〇月一六日は「みんなの電力」（東京都世田谷区）で、年商約七〇億円である。二〇一九年八～一一日は「新潟の酒」で、酒による地域再生である。もちろん大企業の挑戦もあるが、発想・手法はおなじで、地域・企業連携での新企業の創業である。

(8) 藤井・前掲「大阪都構想」一四八頁。(9)同前五頁。

(10) 二〇一九年九月五日、朝日新聞

(11)　内発的開発の実施戦略については、高寄・前掲「都市経営史上」五九～六二頁参照。
(12)　地方再生策については、高寄昇三『「地方創生」で地方消滅は阻止できるか』五八～一一二頁参照。
(13)　都市開発と内発的開発の関係については、高寄・前掲「都市経営史上」五六～六七頁参照。
(14)　地域再生と内発的開発については、高寄昇三『「ふるさと納税」「原発・大学誘致」で地方は再生できるか』一〇六～一一七参照。
(15)　内発的開発戦略については、森裕之「大阪の成長戦略を再考する」『市政研究』二〇一号参照。
(16)　地域協働の施策については、本多哲夫「中小企業との協働による自治体の地域発展政策」『市政研究』二〇一号参照。
(17)　高寄・前掲「虚構・大阪都構想」三頁。

2　二重行政解消のトリック

大阪維新がめざした改革テーマの一つが、二重行政の解消であった。しかし、二重行政は「大問題かのように認識されているが、作り上げられた都市伝説です」(1)と一蹴されている。

前回の住民投票の際、大阪維新は、二重行政は年間四〇〇〇億円と発表し、物議をかもした。その後に精査した結果、約一億円と修正された。しかし、その一億円には大阪市の行革（リストラ）分が多くふくまれていた。要するに不都合な真実はかくし、真実でない数値を流布させる行為は、市民への背信行為である。しかも四〇〇〇億円の減量効果がマスコミを通じて何度も宣伝され、市民を洗脳した。

特別区制になると、一部事務組合の乱立などで、大阪府・特別区の垂直型二重行政にくわえて、新たに水平型の二重行政（一部事務組合の乱造）が発生する。政令指定都市の利点は府県経由方式の省略による政府直轄監督にあったが、特別区方式では大阪府の許認可復活となり、行政簡素化に逆行する。その損失額は、年間数億円をこえるのではないか。

施設の二重行政は存在しない

第1課題　二重行政とは、どういう状況をさすのか。本当の二重行政は、行政手続・行政施策にみられる、法制度がもたらす二重認可行政である。阪神大震災復興区画整理事業でも、国の補助金決定・市の都市計画決定にくわえて、広域的事業といえない事業に県認可が必要なのかとの疑問があった。

第一に、二重行政論争の対立点をみてみると、かつて橋下徹氏の持論は「強い広域自治体」と「やさしい基礎自治体」の創出によって、二重行政を解消するとの論理であった。

大阪維新が模範とする東京都制では、「一三〇〇万人の人口を抱える東京都は、都庁が広域行政を担い空港や道路、産業政策等の司令塔となり、二三区の特別区が基礎自治体として地域の事情にあった住民サービスをおこなう。このように役割分担がしっかりでき」(2)、と讃美していたが、現実をみていない。東京都でも都文化ホールがあり、区文化ホールがあり、博物館は区で乱立している。大阪でも、特別区制で二重行政解消をめざしても、現実は二重行政・三重行政となり、さらに水平的二重行政といえる一部事務組合方式まで発生している。

第二に、住民需要からみると、過剰・過大施設の問題で、図書館が二つあっても、利用率がよければ無駄ではない。しかし、当時の橋下知事は、「施設の数ではなく、都道府県レベルのものと、基礎自治体レベルのものとの機能的な棲み分けができていない・・・全国で二番目に狭い大阪府域内に、普通なら都道府県に一つしかないような大規模施設が、二つあること」(3)が問題という指摘であったが、机上演習的な発想である。たとえば大阪府が博物館をつくらないから大阪市が設置しており、理屈どおりにはいかないのである。

第三に、二重行政の見方は、住民需要優先か、それとも国・府県・市の分担重視なのか、どちらをベースにしてみるかである。教育施設の場合、分担重視であれば、大学は国、高校は府県、小中学校は市町村となる。しかし現実は、法律上の義務はないのに、大阪府・市とも背伸びして大学をつくっている。

府県が大規模施設、市町村は小規模施設という棲み分けは事実上、不可能である。たとえば横浜市は、県人口の四〇％近い人口が集中しており、住民需要から大規模図書館をつくらざるをえない。大阪の場合も、政府が府立施設について、国立施設との競合で廃止勧告がでれば、大阪府とて反発するであろう。いずれにしろ、行政分担重視の施設設置論では現実問題は処理できない。

第四に、二重行政の論理を極論化すれば、国立・府立・市立の大学を統合し、さらに私立大学も吸収し、一大運営機構を設立し、経営合理化を追求する、大学コンビナート創設となる。

しかし、統合によりコストが多少さがっても、施設の特性が失われるとか、大規模化による経営意識・システムの官僚化・硬直化がすすむようでは、結局、全体としても経営効率の低下となる。ことに公共施設の〝公共性〟は、民間企業メカニズムを、ストレートには適用できない。典型的事例は、市町村合併にあって、合併を拒否した小規模町村の言い分を忘れてはならない。

第五に、まったく同類の施設は、存在しないのではないか。大阪府立図書館は、東大阪市にあり不便で、専門書中心である。そのため大阪市は、立地条件のよい市内に性格のことなる図書館を設置している。まったく類似施設が近接して設置され、利用率が低い事例は、皆無にちかいのではないか。

重要なのは施設配置の客観的基準

第2課題　二重行政のポイントは、住民需要と行政効果の関係で、施設が複数あるから二重行政とはいえない。現実論としては、高度成長期に財政が膨張すると、施設が乱設された。そのため二重行政論が浮上したが、キーポイントは住民需要からみて、行政の無駄があるかどうかである。

第一に、過剰施設は、首長の名誉欲の産物であるが、議会も阻止できず、一方、地域社会は歓迎する。施設の無駄を阻止できるのは財政の抑制メカニズムで、財政診断・分析によって、新設・拡大を断念させられるかである。

一方で都市開発事業で大きな赤字をつくりながら、二重行政を口実に生活施設を削減されれば、市民はたまったものでない。財政情報の公開、施策選択の最適化など、自治体運営の政策科学化・民主化が、カギをにぎっており、制度・体制の問題ではない。

第二に、特別区設置となれば、階層的には大阪市の旧施設もあり、三重行政となる。さらに無視できないのは、大阪市廃止・分割によって、新庁舎だけでなく、市民は特別区を総合官庁とみなし、サービス施設をワンセットで要求する。そのためすべての区で同類の施設建設となる。

第三に、二重行政といわれる施設でも、実際は二重行政はほとんど発生していない。「利用者が十分に多い（需要が供給を上回っている）」「エリアによる棲み分け・役割分担している」「内容や種類の分担をしている」(4)等、むしろ利用実態・施設の性格などが重要で、物理的施設の類似だけでは判断できない。

実態はコスト削減とは連動してない

第3課題　現実の二重行政対応をみると、廃止でなく統合が主流で、行政コスト削減には連動しない。なぜなら市民需要がある以上、無駄がないからである。二重行政をめぐる具体的統合をみてみよう。二重行政の弊害だけが一人歩きして、一般市民だけでなく、マスコミも錯覚に陥っている。実際は二重行政行政はほとんどない。概念を明確にし、実態を精査し、実際に無駄が発生しているかどうかを、具体的に分析しなければならない。

おおくの公共施設（表Ⅲ－3参照）が、府立・市立と重複している感があるが、廃止されるのでなく、移管・統合・分離が行われるだけで、実際は信用組合・国際交流施設・研究所などの再編成であり、経費的に二重行政淘汰で削減されるのではない。

第一に、大阪府立大学・大阪市立大学は、約一〇〇〇億円をかけて、統合される計画である。類似施設であるから、どちらかが廃止されるわけではない。吸収的統合であっても、対等的合併であっても、同様である。

大規模団体同士が統合しても、規模の利益は、すでに達成されているのでメリットは大きくない。統合により、公立総合大学としては日本一になるといわれているが、特性的研究による個性のある大学の発展という戦略はできなくなる。中規模以上の大学では、統合による意思決定の遅れ、政策決定の対立など、むしろ大規模経営の弊害がみられ、規模の利益の代償は小さくない。

第二に、府立病院と市立病院をみると、両病院ともすでに大規模であり、中小病院の統合と異なり、規模の利益は働かないのではないか。実際問題として、病院が一箇所に統合される計画でなく、仮想の数値である。

第三に、大阪府立高校・大阪市立高校については、大阪市立高校の大阪府移管が計画されている。市立高校は無償で大阪府に譲渡されるとなっているが、建物はともかく、土地は譲渡ではなく、無償貸与とすべきである。今後の人口減で、廃校になれば、用地は特別区で活用余地はきわめて大きいからである。

第四に、大阪府立図書館・大阪市立図書館についても、府立中央図書館は大阪府がにない、市立中央図書館は各特別区の図書館が充実されるまで、補完機能として、特別区で活用したい。分館などは特別区施設として残るであろう。

第五に、公営住宅は、府営一万戸、市営一〇万戸である。統合しても規模の利益はあまりない。むしろ管理システムの効率化・実効性が求められる。管理サービスを民間企業に委託するかなどの経営選択が問題となる。

第六に、保健所・児童相談所など、生活サービス行政は、その性格からして地域密着型であるので、特別区移管は当然といえる。しかし、専門施設である病院・精神センターなど、大阪市施設が府へ移管されるので、専門機能をどう補完するか、課題として残されることになる。

表 III-3　類似行政専門施設・一般公共施設

類似施設	区分	金融支援	産業技術	保健衛生	産業振興	国際交流
	府	府信用保証協会	産業技術研究所	公衆衛生研究	府産業振興機構	府国際交流財団
	市	市信用保証協会	工業研究所	環境科学研究	市産業センター	市国際交流センター
公共施設	区分	病　院	大　学	図書館	高　校	公営住宅
	府	府立病院	府立大学	府立図書館	府立高校	府営住宅
	市	市立病院	市立大学	市立図書館	市立高校	市営住宅

資料　澤井・村上・大阪市政調査会『大阪都構想Q＆Aと資料』144 頁。

これら施設配分でも、広域大阪府は、大阪市の機能を吸収するので強化されるが、他方で特別区は、大阪市の大規模専門施設・機関を失うので、機能の弱体化は避けられない。一部組合方式を活用するなどして、事務事業の移管をすすめる努力が、特別区設置後、大きな課題となるであろう。

注

(1)　山中智子・二〇一九年九月六日・朝日新聞。
(2)　橋下・前掲「体制維新」一六四頁。(3)同前一八五頁。
(4)　澤井・村上・大阪市政調査会『大阪都構想Q＆Aと資料』一四四頁参照。

3　粉飾されている四区方式の効果

大阪維新の第三の改革テーマは、公選区長による中核市なみの特別区設置であった。大阪市を廃止し、特別区設置で行政効率化を図っていき、市民サービスを充実する体制変革のシナリオをえがいていた。しかし、顔のみえる基礎自治体をめざすとして、鳴り物入で宣伝してきた特別区が、現在の四区案では人口七〇万人規模と、中核市どころが指定都市の相模原・静岡・岡山・熊本市に匹敵する大規模団体となり、東京特別区と比較しても、市民にとって遠い存在と化してしまった。

特別区財政シミュレーションの粉飾

第1課題　特別区設置で、どれだけ事務事業の配分があり、財政負担が発生するのか。 維新は四特別区方式で、約一兆円の行政節減ができると、誇大効果を見込んでいた。しかし、現実は四区方式でも、行政コスト上昇で、総合行政どころが生活行政すら危くなった。行政当局の財政収支・改革効果のシミュレーション（Ⅲ－４参照）を分析すればするほど、特別区財政の将来はきびしい減量経営が避けられない悲劇が浮上してくる。

特別区設置の効果に関し、財政収支から見てみる。

まず二四区を四区に再編成した統合効果は、四区設置の新規建設費などで帳消しとなり、さらに大阪市廃止の補完コストも大きい。特別区財政収支予測を、副首都推進局の財政シミュレーションのうち、市税増収を見込み交付税減額補正をしたケース2（表Ⅲ－4参照）でみてみる。(1)

第一に、二〇二一年度から二〇三六年度までの一五年間で八三四億円黒字となるとみている。歳入は市税・交付税が増加するが、一方、歳出は人件費が抑制され、公債費は使用料などの特定財源があり、負担が抑制されている。その他支出費も二〇二一年と二〇三六年の対比で約二四四億円前後の増加でとどまり、健全財政を維持できるとしている。

しかし、歳入はともかく、歳出が単年度比較で一五年間で約一〇〇億円、わずか一・五八％の増加とは信じがたい数値である。過去の実績をみると、大阪市の民生費は、二〇〇七年五三七八億円（歳出構成比三四・二％）から二〇一七年度七三八九億円（歳出構成比四二・四％）で、約二〇〇〇億円の増加である。こうした歳出傾向があるなかで、抑制・減額要素のみをベースとする推計は、単なる希望的観測にすぎず、実際の特別区財政収支を適正に推計したものとはいえない。

第二に、大阪市財政局の「今後の財政収支概算（粗い試算）」（二〇一八年二月版）の歳入収支見込み（二〇一八〜二〇二七年）では、歳入は二〇一八年度一兆七五八一億円、二〇二七年度一兆七七七八億円で約二〇〇億円しか増えていない。したがって歳入に多くは期待できない。

一方、歳出のうち人件費予測は、財政局推計で二〇一八年度二九九二億円、二〇二七年度二八三九億円と一五三億円減少している。そのうち扶助費二〇一八年度五七〇二億円、二〇二七年度六五一二億円と八一〇億円の増加である。民生費のうち施設費民間委託が可能としても、社会保障費は措置費で抑制はできず、関係職員数の増加・扶助費の増加は避けられない。結果として一〇年間の財政収支は四一八億円の赤字となっている。このような財政当局の推計と比較しても、表III－4の特別区財政収支シミュレーションは甘いといえる。

第三に、大阪市公債は、府・特別区で返済するが、特別区公債残高は二兆一〇〇〇億円以上もあり、一〇年償還とすると元利償還額は、年約二〇〇〇億円をこえる。特定償還財源があるといっても、多くは期待できない。むしろ施設建設債など新規発行が

表III-4　特別区財政収支シミュレーション　（単位　億円）

区分	歳出A	人件費	公債費・財務リスク	その他	歳入B	市税・譲与税・交付金	地方交付税財政対策債	財政推計A－B
2022	6,503	1,344	1,223	3,936	6,610	2,904	3,706	107
2023	6,507	1,331	1,171	4,005	6,632	2,949	3,648	125
2024	6,484	1,324	1,137	4,023	6,617	2,988	3,628	133
2025	6,512	1,324	1,079	4,109	6,596	3,034	3,562	84
2026	6,548	1,282	1,136	4,130	6,637	3,080	3,557	89
2027	6,640	1,290	1,170	4,180	6,657	3,127	3,530	17
2028	6,673	1,290	1,203	4,180	6,657	3,127	3,530	▲16
2029	6,627	1,290	1,157	4,180	6,657	3,127	3,530	30
2030	6,624	1,290	1,154	4,180	6,657	3,127	3,530	33
2031	6,647	1,290	1,177	4,180	6,657	3,127	3,530	10
2032	6,621	1,290	1,151	4,180	6,657	3,127	3,530	36
2033	6,617	1,290	1,147	4,180	6,657	3,127	3,530	40
2034	6,610	1,290	1,140	4,180	6,657	3,127	3,530	47
2035	6,609	1,290	1,139	4,180	6,657	3,127	3,530	48
2036	6,606	1,290	1,136	4,180	6,657	3,127	3,530	51
合計	98,828	19,505	17,320	62.003	99,662	46,225	53,401	834

資料「特別区設置財政シミュレーション」（第14回大都市制度協議会・資料1-1、2018年8月24日）33頁。

避けるられないであろう。

第四に、その他支出は、特別区運営費であるが、初期建設費・維持費の増加や、人事改革にともなう効果は、特別区全体の総合収支で処理されている。一般的事業費の増加は、その他に包含されているが、過小算定ではないか。前頁の財政局推計では、差引不足（経常収支）は、累計四一七億円赤字（二〇一八～二〇二七年度）と、算出している。もっとも収支累計額が赤字となったのは、行財政改革効果などを算入しなかったからで、赤字は財政調整基金一四五一億円で補填できるとしているが、都市再開発事業の赤字が数百億円あり、どう処理するか未確定としている。これら財政推計については、改革効果とか財政リスクは算入せず、不確定要素として除外するべきである。なぜなら表Ⅱ-3の財政シミュレーションのように、改革効果を算入すれば作為的要素が混入され、推計とはならないからである。

大阪市廃止となれば、特別区が大阪市財政の八割弱をひきつぐが、年次・期間・内容が異なるが、副首都推進局の特別区推計八三四億円黒字とは、かなり相違がある。過去の大阪市財政実績の推移、二〇〇七～二〇一七年をみても歳出総額一兆五七三三億円から一兆七四〇八万円と増えている。人件費二七五七億円から三〇〇九億円、扶助費三七四六億円から五五二五億円と一七七九億円も膨張している。さきの特別区財政シミュレーションは、作為的な不自然な圧縮推計といえる。

第五に、特別区財政の致命的欠陥は、くり返しのべてきたように、調整機能が一般の地方交付税とは異なり、特別区合算方式のため、個別特別区の財政補填機能が果たせないことにある。さらに交付税の基準財政需要額の算定にあって、大阪府の投資的経費に比して、特別区の行政サービス費の算定は必ずしも十分でない。そのため結果として、歳出増が交付税増加に反映しない欠陥がみられる。くわえて、増税として超過課税を実施しようとしても、特別区の基幹税は個人市民税しかなく、法人市民税・固定資産税は府税であり、増税余地はすくないことにも留意しておく必要がある。

区議会議員まで抑制

> **第2課題　区議会費をみると、大阪特別区経費は、東京特別区と比較して見劣りする。**特別区の経費は、人件費・民生費のみでなく、議会費まで徹底して圧縮され、市民参加の区政という宣伝も実質的には看板倒れに終わっている。

廃案となった五特別区案では、東京都特別区と比較して、議員数は二分の一から三分の一になっていた。東京都二三区の議員数は九〇二人であり、大阪市の議員数は、現在八三人である。人口比で東京特別区なみとすると、大阪特別区は二五九人となる。大幅な議員数カットといえるが、改革効果の数値を大きくするため、意図的に特別区議員数を抑制している。議員数を少なくすれば、市民参加型の区政とは逆行する。

表 III-5　大阪５特別区と東京 23 区の議員定数　（単位 人）

大 阪	人 口	議員数	議員一人当り人	東 京	人 口	議員数	議員一人当り人口
北区	628,977	19	33,104	江戸川区	678,967	44	15,431
湾岸区	343,986	12	28,666	品川区	365,302	40	9,133
東区	583,709	19	30,722	杉並区	549,569	48	11,449
南区	693,405	23	30,148	大田区	693,373	50	13,867
中央区	415,237	13	31,941	葛飾区	442,586	40	11,065

出典 大阪の自治を考える研究会『大阪市の廃止・分割』44 頁。

特別区の職員数は東京23区の二分の一弱

第3課題　職員数（表III－6参照）**に関して、東京都特別区との比較では、大阪特別区はかなり少ない。**東京特別区との比較では、二分の一であるが、事務事業は大阪市特別区が多いので、実質的には一〇分の四になるのではないか。

表III－6の東京都五区の人口は、大阪五区の人口の七四・六％で、大阪市なみ人口とすると、東京特別区の職員数は一万七九八九人となり、大阪特別区の職員数は八二〇〇人も少なくなる。議員数と同様にかなり抑制されているが、事務事業配分は、大阪特別区は東京特別区より大きく、区政が処理できるか問題である。

注

(1)　第一四回大都市制度協議会「総合区設置における財政シミュレーション」（二〇一八年八月二四日、資料一－一）財シ－三三頁参照。

表 III-6　大阪 5 特別区と東京 23 区の職員数（2011 年）（単位 人）

区 分	人口 A	職員数 B	A / B	区 分	人口 C	職員数 D	C / B
A　区	561,687	1,911	293.9	板橋区	535,824	2,508	213.6
B　区	512,030	2,030	252.2	葛飾区	446,612	2,941	151.9
C　区	683,700	1,939	352.6	江東区	407,908	3,090	132.0
D　区	592,651	2,041	290.4	品川区	354,574	2,526	140.4
E　区	415,237	1,868	222.3	北区	317,663	2,355	134.9
合 計	2,765,305	9,789	282.5	合計	2,062,581	13,420	153.7

出典 大阪の自治を考える研究会『大阪市廃止・特別区設置の制度設計案を批判する』51 頁。

参考文献

高寄昇三『新地方自治の経営』二〇〇四年　学陽書房
高寄昇三『虚構・大阪都構想への反論』二〇一〇年　公人の友社
橋下徹・堺屋太一『体制維新―大阪都』二〇一一年　文芸春秋
澤井・村上・大阪市政調査会『大阪都構想Q＆Aと資料』二〇一一年　公人社
高寄昇三『大阪市存続・大阪都粉砕の戦略』二〇一一年　公人の友社
砂原康介『大阪―大都市は国家を超えるか』二〇一二年　中央公論新社
北村亘『政令指定都市』二〇一三年　中央公論新社
辻山幸宣・岩崎忠『大都市制度と自治の行方』二〇一二年　公人社
栗原利美著・米倉克良編『東京都区制度の歴史と課題』二〇一二年　公人の友社
大阪の自治を考える研究会編『いま、なぜ大阪市の消滅なのか』二〇一三年　公人の友社
大阪の自治を考える研究会編『大阪市廃止・特別区設置の制度設計案を批判する』二〇一四年　公人の友社
高寄昇三『大阪都構想と橋下政治の検証』二〇一二年　公人の友社
高寄昇三『昭和地方財政史第五巻』二〇一五年　公人の友社
藤井聡『大阪都構想が日本を破壊する』二〇一五年　文芸春秋
大阪の自治を考える研究会『いま一度考えたい　大阪市の廃止・分割』二〇一五年　公人の友社
高寄昇三『「地方創生」で地方消滅は阻止できるか』二〇一五年　公人の友社
高寄昇三『「ふるさと納税」「原発・大学誘致」で地方は再生できるか』二〇一八年　公人の友社
西脇邦雄『大阪都構想の対策―大都市圏共同体の構想と総合区の活用―』二〇一九年　晃洋書房

高寄昇三『近代日本都市経営史上巻』二〇一九年 公人の友社
今井照「東京都区制度から考える『大阪都』構想」『市政研究』一六九号
木村収「府市統合・再編論、大阪市分割の虚実」『市政研究』一六九号
高寄昇三「虚構・大阪都構想への実証的反論」『市政研究』一七〇号
木村収「大都市地域特別区設置法と大阪府・市統合再編」『市政研究』一八〇号
高寄昇三「大阪特別区構想の改革収支」『市政研究』一八三号
大矢野修「住民投票その後」『市政研究』一八八号
武田真一郎「『大阪都構想住民投票』に関する一考察」『市政研究』一八八号。
山下貴史「大阪市住民投票の取材を振り返って」『市政研究』一八八号。
薬師院仁志「現在時点であらためて問う大阪市住民投票の意味」『市政研究』一九五号
薬師院仁志「大阪の政治的危機―法定協議会再設置にいたる暴政―」『市政研究』一九七号、
幸田泉「法定協議会再設置にいたる経緯と問題」『市政研究』一九七号
柳本顕「法定協議会における議論への懸念」『市政研究』一九七号
森裕之「大阪の成長戦略を再考する」『市政研究』二〇一号
本多哲夫「中小企業との協働による自治体の地域発展政策」『市政研究』二〇一号参照。
桜田照雄「カジノ誘致で地域経済は再生するのか?」『市政研究』二〇一号
松本創「『守る』だけでは勝てない時代―『維新政治』からみえるもの―」『市政研究』二〇四号
高寄昇三『大阪都構想と橋下ポピュリズム』『世界』八一三号
大矢野修「維新圧勝の大阪の政治をどう読むか」『月刊自治研』七一七号

【著者紹介】

高寄　昇三（たかよせ・しょうぞう）

1934 年神戸市に生まれる。1959 年京都大学法学部卒業。

1960 年神戸市役所入庁。

1975 年『地方自治の財政学』にて「藤田賞」受賞。1979 年『地方自治の経営』にて「経営科学文献賞」受賞。

1985 年神戸市退職。甲南大学教授。

2003 年姫路獨協大学教授。2007 年退職。

著書・論文

『市民自治と直接民主制』、『地方分権と補助金改革』、『交付税の解体と再編成』、『自治体企業会計導入の戦略』、『自治体人件費の解剖』、『大正地方財政史上・下巻』、『昭和地方財政史　第１巻・第２巻・第３巻』、『政令指定都市がめざすもの』、『大阪都構想と橋下政治の検証』、『虚構・大阪都構想への反論』、『大阪市存続・大阪都粉砕の戦略』、『政府財政支援と被災自治体財政』『自治体財政のムダを洗い出す』『「ふるさと納税」「原発・大学誘致」で地方は再生できるのか』（以上公人の友社）、『阪神大震災と自治体の対応』、『自治体の行政評価システム』、『地方自治の政策経営』、『自治体の行政評価導入の実際』『自治体財政破綻か再生か』（以上、学陽書房）』、『明治地方財政史・Ⅰ～Ⅴ』（勁草書房）、『高齢化社会と地方自治体』（日本評論社）など多数

地方自治ジャーナルブックレット No.71

大都市問題の専門家が問う

大阪市廃止と生活行政の破綻

〝市民連合〟による住民投票勝利への戦略

2020 年 4 月 6 日　第 1 版第 1 刷発行

著　者　　高寄昇三
発行人　　武内英晴
発行所　　公人の友社
〒 112-0002　東京都文京区小石川 5-26-8
TEL 03-3811-5701　FAX 03-3811-5795
e-mail: info@koujinnotomo.com
http://koujinnotomo.com/
印刷所　　倉敷印刷株式会社

ISBN978-4-87555-842-2

出版図書目録

●ご注文はお近くの書店へ
小社の本は、書店で取り寄せることができます。
●直接注文の場合は
電話・FAX・メールでお申し込み下さい。
（送料は実費、価格は本体価格）

［地方自治ジャーナルブックレット］

No.33
都市型社会と防衛論争
松下圭一 900円

No.42
《改訂版》自治体破たん・「夕張ショック」の本質
橋本行史 1,200円

No.43
分権改革と政治改革
西尾勝 1,200円

No.44
自治体人材育成の着眼点
浦野秀一・井澤壽美子・野田邦弘・西村浩・三関浩司・杉谷戸知也・坂口正治・田中富雄 1,200円

No.45
シンポジウム障害と人権
橋本宏子・森田明・湯浅和恵・池原毅和・青木九馬・澤静子・佐々木久美子 1,400円

No.46
地方財政健全化法で財政破綻は阻止できるか
高寄昇三 1,200円

No.47
地方政府と政策法務
加藤良重 1,200円

No.48
政策財務と地方政府
加藤良重 1,400円

No.49
政令指定都市がめざすもの
高寄昇三 1,400円

No.50
良心的裁判員拒否と責任ある参加
市民社会の中の裁判員制度
大城　聡 1,000円

No.51
討議する議会
自治体議会学の構築をめざして
江藤俊昭 1,200円

No.52
【増補版】大阪都構想と橋下政治の検証
府県集権主義への批判
高寄昇三 1,200円

No.53
虚構・大阪都構想への反論
橋下ポピュリズムと都市主権の対決
高寄昇三 1,200円

No.54
大阪市存続・大阪都粉砕の戦略
地方政治とポピュリズム
高寄昇三 1,200円

No.55
「大阪都構想」を越えて
問われる日本の民主主義と地方自治
（社）大阪自治体問題研究所 1,200円

No.56
翼賛議会型政治・地方民主主義への脅威
地域政党と地方マニフェスト
高寄昇三 1,200円

No.57
なぜ自治体職員にきびしい法遵守が求められるのか
加藤良重 1,200円

No.58
東京都区制度の歴史と課題
都区制度問題の考え方
著：栗原利美、編：米倉克良 1,400円

No.59
七ヶ浜町（宮城県）で考える
「震災復興計画」と住民自治
編著：自治体学会東北 YP 1,400円

No.60
市民が取り組んだ条例づくり
市長・職員・市議会とともにつくった所沢市自治基本条例
編著：所沢市自治基本条例を育てる会 1,400円

No.61
いま、なぜ大阪市の消滅なのか
「大都市地域特別区法」の成立と今後の課題
編著：大阪自治を考える会 800円

No.62
地方公務員給与は高いのか
非正規職員の正規化をめざして
著：高寄昇三・山本正憲 1,200円

No.63
大阪市廃止・特別区設置の制度設計案を批判する
いま、なぜ大阪市の消滅なのか Part2
編著：大阪自治を考える会 900円

No.64
自治体学とはどのような学か
森啓　1,200円

No.65
通年議会の〈導入〉と〈廃止〉
長崎県議会による全国初の取り組み
松島完　900円

No.67
いま一度考えたい大阪市の廃止・分割
その是非を問う住民投票を前に
大阪の自治を考える研究会　926円

No.68
地域主体のまちづくりで「自治体職員」が重視すべきこと
事例に学び、活かしたい5つの成果要因
矢代隆嗣　800円

No.70
二元代表制への挑戦
議会改革と議会報
大和田建太郎　1,000円

［自治総研ブックレット］

No.22
自治体森林政策の可能性
～国税森林環境税・森林経営管理法を手がかりに
飛田博史編・諸富徹・西尾隆・相川高信・木藤誠・平石稔・今井照　1,500円

No.23
原発災害で自治体ができたこと、できなかったこと
～自治体の可能性と限界を考える
阿部昌樹・金井利之・石田仁・西城戸誠・平岡路子・山下祐介・今井照　1,500円

［北海道自治研ブックレット］

No.1
市民・自治体・政治
再論・人間型としての市民
松下圭一　1,200円

No.2
議会基本条例の展開
その後の栗山町議会を検証する
橋場利勝・中尾修・神原勝
1,200円（品切れ）

No.3
福島町の議会改革
議会基本条例＝開かれた議会づくりの集大成
溝部幸基・石堂一志・中尾修・神原勝
1,200円

No.4
議会改革はどこまですすんだか
改革8年の検証と展望
神原勝・中尾修・江藤俊昭・廣瀬克哉
1,200円

No.5
ここまで到達した芽室町議会改革
芽室町議会改革の全貌と特色
広瀬重雄・西科純・蘆田千秋・神原勝
1,200円

No.6
国会の立法権と地方自治
憲法・地方自治法・自治基本条例
西尾勝
1,200円

［単行本］

フィンランドを世界一に導いた100の社会改革
編著　イルカ・タイパレ
訳　山田眞知子　2,800円

公共経営学入門
編著　ボーベル・ラフラー
訳　みえガバナンス研究会
監修　稲澤克祐、紀平美智子　2,500円

自治体職員研修の法構造
田中孝男　2,800円

自治基本条例は活きているか?!
～ニセコ町まちづくり基本条例の10年
編　木佐茂男・片山健也・名塚昭
2,000円

国立景観訴訟～自治が裁かれる
編著　五十嵐敬喜・上原公子　2,800円

成熟と洗練～日本再構築ノート
松下圭一　2,500円

自治体国際政策論
自治体国際事務の理論と実践
楠本利夫　1,400円

自治体職員の「専門性」概念
可視化による能力開発への展開
林奈生子　3,500円

NPOと行政の《協働》活動における「成果要因」
成果へのプロセスをいかにマネジメントするか
矢代隆嗣　3,500円

おかいもの革命
消費者と流通販売者の相互学習型プラットホームによる低酸素型社会の創出
編著　おかいもの革命プロジェクト　2,000円

原発再稼働と自治体の選択
原発立地交付金の解剖
高寄昇三　2,200円

「地方創生」で地方消滅は阻止できるか
地方再生策と補助金改革
高寄昇三　2,400円

総合計画の新潮流
自治体経営を支えるトータル・システムの構築
監修・著　玉村雅敏
編集　日本生産性本部　2,400円

総合計画の理論と実務
行財政縮小時代の自治体戦略
編著　神原勝・大矢野修　3,400円

自治体の人事評価がよくわかる本
これからの人材マネジメントと人事評価
小堀喜康　1,400円

だれが地域を救えるのか
作られた「地方消滅」　島田恵司
1,700円

分権危惧論の検証
教育・都市計画・福祉を題材にして
編著 嶋田暁文・木佐茂男
著 青木栄一・野口和雄・沼尾波子 2,000円

地方自治の基礎概念
住民・住所・自治体をどうとらえるか？
編著 嶋田暁文・阿部昌樹・木佐茂男
著 太田匡彦・金井利之・飯島淳子 2,600円

松下圭一＊私の仕事―著述目録
松下圭一 1,500円

地域創生への挑戦
住み続ける地域づくりの処方箋
監修・著 長瀬光市
著 縮小都市研究会 2,600円

自治体広報はプロションの時代からコミュニケーションの時代へ
マーケティングの視点が自治体の行政広報を変える
鈴木勇紀 3,500円

「大大阪」時代を築いた男
評伝・関一（第7代目大阪市長）
大山　勝男 2,600円

自治体議会の政策サイクル
議会改革を住民福祉の向上につなげるために
編著 江藤俊昭
著 石堂一志・中道俊之・横山淳・西科純 2,300円

挽歌の宛先 祈りと震災
編著 河北新報社編集局 1,600円

新訂 自治体法務入門
編 田中孝男・木佐茂男 2,700円

政治倫理条例のすべて
クリーンな地方政治のために
斎藤 文男 2,200円

福島インサイドストーリー
役場職員が見た避難と震災復興
編著 今井照・自治体政策研究会 2,400円

原発被災地の復興シナリオ・プランニング
編著 金井利之・今井照 2,200円

自治体の政策形成マネジメント入門
矢代隆嗣 2,700円

介護保険制度の強さと脆さ
2018年改正と問題点
編著 鏡諭 企画東京自治研究センター 2,600円

「質問力」でつくる政策議会
土山希美枝 2,500円

神戸・近代都市の形成
高寄 昇三 5,000円

政治行政入門（新版）
山梨学院大学政治行政研究会 2,500円

「縮小社会」再構築
安心して幸せにくらせる地域社会づくりのために
長瀬 光市【監修・著】/縮小都市研究会【著】 2,500円

合併しなかった自治体の実際
非合併小規模自治体の現在と未来
木佐 茂男【監修】/原田 晃樹/杉岡 秀紀【編著】 1,900円

住民監査請求制度がよくわかる本
平成29年改正
田中 孝男 1,800円

池袋・母子餓死日記
覚え書き（全文）（新装版）
公人の友社【編】 1,800円

ひとりでできる、職場でできる、自治体の業務改善
時間の創出と有効活用
矢代 隆嗣 2,200円

ひとり戸籍の幼児問題とマイノリティの人権に関する研究
稲垣 陽子 3,700円

離島は寶島
沖縄の離島の耕作放棄地研究
齋藤 正己 3,800円

「地方自治の責任部局」の研究
その存続メカニズムと軌跡（1947-2000）
谷本有美子 3,500円

自治体間における広域連携の研究
大阪湾フェニックス事業の成立継続要因
樋口浩一 3,000円

グリーンインフラによる都市景観の創造
金沢からの「問い」
金沢大学地域政策研究センター【企画】
菊地直樹・上野裕介【編】 1,000円

議員のなり手不足問題の深刻化を乗り越えて
地域と地域民主主義の危機脱却手法
江藤俊昭 2,000円

人口減少時代の論点90
井上正良・長瀬光市・増田勝 2,000円

フランスの公務員制度と官製不安定雇用
図書館職を中心に
薬師院はるみ 2,000円

総合計画を活用した行財政運営と財政規律
鈴木洋昌 3,000円

議会が変われば自治体が変わる
【神原勝・議会改革論集】
神原勝 3,500円

近代日本都市経営史・上巻
高寄昇三 5,000円

図解・こちらバーチャル区役所の空き家対策相談室です
空き家対策を実際に担当した現役行政職員の研究レポート
松岡政樹 2,500円

縮小時代の地域空間マネジメント
ベッドタウン再生の処方箋
長瀬光市【監修・著】/縮小都市研究会【著】 2,400円

【自治体危機叢書】

2000年分権改革と自治体危機
松下圭一 1,500円

自治体連携と受援力
もう国に依存できない
神谷秀之・桜井誠一 1,600円

政策転換への新シナリオ
小口進一 1,500円

政府財政支援と被災自治体財政
東日本・阪神大震災と地方財政
高寄昇三 1,600円

震災復旧・復興と「国の壁」
神谷秀之 2,000円

自治体財政のムダを洗い出す
財政再建の処方箋
高寄昇三 2,300円

「政務活動費」ここが問題だ
改善と有効活用を提案
宮沢昭夫 2,400円

「ふるさと納税」「原発・大学誘致」で地方は再生できるのか
高寄昇三 2,400円

【京都府立大学京都地域未来創造センターブックレット】

No.1
地域貢献としての「大学発シンクタンク」
京都政策研究センター（KPI）の挑戦
編著 青山公三・小沢修司・杉岡秀紀・藤沢実 1,000円

No.2
もうひとつの「自治体行革」
住民満足度向上へつなげる
編著 青山公三・小沢修司・杉岡秀紀・藤沢実 1,000円

No.3
地域力再生とプロボノ
行政におけるプロボノ活用の最前線
編著 杉岡秀紀
著 青山公三・鈴木康久・山本伶奈 1,000円

No.4
地域創生の最前線
地方創生から地域創生へ
監修・解説 増田寛也
編著 青山公三・小沢修司・杉岡秀紀・菱木智一 1,000円

No.5
「みんな」でつくる地域の未来
編著 京都府立大学京都政策研究センター 1,000円

No.6
現場からみた「子どもの貧困」対策
行政・地域・学校の現場から
企画 京都府立大学京都地域未来創造センター
編著 小沢修司 1,000円

No.7
人がまちを育てる
ポートランドと日本の地域
企画 京都府立大学京都地域未来創造センター
編著 川勝健志 1,000円

No.9
文化資産としての美術館利用
地域の教育・文化的生活に資する方法研究と実践
辻みどり・田村奈保子・真歩仁しょうん 900円

No.10
フクシマで“日本国憲法〈前文〉”を読む
家族で語ろう憲法のこと
金井光生 1,000円

【福島大学ブックレット「21世紀の市民講座」】

No.1
外国人労働者と地域社会の未来
著：桑原靖夫・香川孝三、
編：坂本惠 900円

No.2
自治体政策研究ノート
今井照 900円

No.3
住民による「まちづくり」の作法
今西一男 1,000円

No.4
格差・貧困社会における市民の権利擁護
金子勝 900円

No.6
今なぜ権利擁護か
ネットワークの重要性
高野範城・新村繁文 1,000円

No.7
小規模自治体の可能性を探る
保母武彦・菅野典雄・佐藤力・竹内是俊・松野光伸 1,000円

No.8
小規模自治体の生きる道
連合自治の構築をめざして
神原勝 900円